A COURSE IN HEALTH AND WELL-BEING

健康と幸せのコース

『奇跡のコース』の原理から

シンディ・ローラ・レナード 著
Cindy Lora-Renard
ティケリー裕子 訳

ナチュラルスピリット

A COURSE IN HEALTH AND WELL-BEING

わたしの愛する兄弟　ジェフ・レイへ
わたしたちは永遠に一緒よ

わたしたちはなにもすることはないけれど
あるべきすべてをもっている

シンディ・ローラ・レナード

健康と幸せのコース●目次

献辞　8
ゲイリー・R・レナードによる序文　11
第一章　はじめに……15
第二章　健康とはなにか……37
第三章　肉体の目的……61
第四章　選択の力　分離と完全性のどちらを選ぶか……82
第五章　苦痛に対処する力の鍛え方……108
第六章　健康な精神を得る実践法……135
第七章　マインドを変えて生命（いのち）に目覚める……158
訳者あとがき　187

『奇跡のコース』
(原題 “A Course in Miracles”) の概要

『奇跡のコース』は1965年10月21日にニューヨーク、コロンビア大学臨床心理学教授ヘレン・シャックマンが内なる声を聞いて書き取りをはじめた、真の自己を生きるための独習書。書き取りは実に7年に及び、1976年に「テキスト」「学習者のためのワークブック」「教師のためのマニュアル」の三部作からなる初版が「内なる平和財団」(FIP：Foundation for Inner Peace) から出版されました。その後、「精神療法(サイコセラピー)」「祈りの歌」の二部が追加で書き取られ、2007年にすべてをまとめた第三版が刊行されています。

『奇跡のコース』日本語版について

日本語版は『奇跡のコース 第一巻 テキスト』『奇跡のコース 第二巻 学習者のためのワークブック／教師のためのマニュアル』(大内博訳)『奇跡の道 兄イエズスの教え』(田中百合子訳) (ともにナチュラルスピリット)、『奇跡講座上巻 (テキスト普及版)』『奇跡講座下巻　受講生のためのワークブック／教師のためのマニュアル (普及版)』(加藤三代子、澤井美子訳) (ともに中央アート出版社) も刊行されています。

本書に収められている「コース」引用文は、すべて本書オリジナルの翻訳文となっています。

本書の引用表記について

本書では『奇跡のコース』原書版での引用部を明記しています。抜粋箇所の表記は次のとおりです。

Preface = 前書き

In.= 序文

T = Text（テキスト）

W = Workbook for Students（学習者のためのワークブック）

w-pI = 学習者のためのワークブックの第一部

w-pII = 学習者のためのワークブックの第二部

M = Manual for Teachers（教師のためのマニュアル）

C = Clarification of Terms（用語の解説）

P = Psychotherapy: Purpose, Process and Practice（精神療法〔サイコセラピー〕：その目的、プロセス、実践）

S = The Song of Prayer（祈りの歌）

〈例〉T-8.VIII.1:7-8 = Text Chapter 8, Section VIII, Paragraph 1, Sentence 7-8
テキスト、第8章、第8節、1段落目、7番目から8番目の文章

また、本書ではゲイリー・R・レナードの著書からも引用しています。引用した著書の表記は次のとおりです。

DU = The Disappearance of the Universe（神の使者）

YIR = Your Imnortal Reality（不死というあなたの現実）

〈例〉DU P.235 = The Disappearance of the Universeの235ページ

献辞

最初に、『奇跡のコース』の教えを著書で分かち合い、わたしの歩む道をいつも支えてくれている、夫のゲイリー・R・レナードに深い感謝の意を表します。わたし個人の、そしてわたしたち二人のプロジェクトを支え、愛と寛容さに満ちた態度でいつも励ましてくれる彼に感謝します。わたしたちは夫婦として、たくさんのことを経験してきました。ともに神のもとで目覚める一つひとつの経験が、わたしにとっては祝福です。

本書の編集にも携わってくれた美しい母、ドリス・ローラに感謝の意を表します。彼女は『奇跡のコース』の教えをつねに示してくれる手本です。いつも励まし支えてくれる母に深く感謝します。

ともに霊的探求の道を歩み、どんなときも愛とインスピレーションを与え、そばにいてくれる姉妹のジャッキー・ローラ・ジョーンズに永遠の感謝を捧げます。

記憶にある限り、いつもわたしを支えてくれている父、ロン・ローラに感謝の意を表します。わたしの人生に起こるさまざまな出来事に、あなたが純粋な好奇心を示してくれることはたいへん感慨深く、心から感謝しています。

偉大な故ケネス・ワプニック博士に感謝の意を表します。イエスの教えである『奇跡のコース』を深く理解し、数多くの著書を残してくださいました。カリフォルニア州テメキュラ（現在はネバダ州ヘンダーソン）の「奇跡のコース財団」の創設者である、彼と彼の美しい妻、グロリア・ワプニック女史から「コース」の学びと実践において多くのインスピレーションをいただきました。

『奇跡のコース』の著作権を所有され、長年にわたり世界中の人々に「コース」を届ける活動をされてきた出版社「内なる平和財団」に深い感謝の意を表します。

最後に、わたしの人生に素晴らしい影響をもたらしてくれている家族と友人のみなさまに心から感謝の意を表したいと思います。わたしが自信をもって自ら選んだ道を歩めるよう、愛と励ましと勇気を与えてくださるあなた方の支えはとても大きく、みなさまと出会えた幸運に深く感謝いたします。

ゲイリー・R・レナードによる序文

妻のシンディのためにこの序文を書くことには、はじめ抵抗があった。どうせ人々はぼくが公平ではないと思うだろうと思った。実際、そうだった。だが、みなが思うような公平のなさではない。ぼくは『奇跡のコース』と、その「コース」の教えを書いたぼくの四冊の著書の内容を大いに支持しているという意味で、公平ではないといえる。ぼくは「コース」の容赦ない非二元の教えに妥協することは断じて拒否している。本書の興味深い点は、ぼくたちが行うワークショップと同様、シンディもまた「コース」の教えに妥協を許さぬ姿勢を貫いている点である。もし彼女が妥協するのであれば、ぼくは彼女と一緒に活動することはできないだろう。

この十年間、シンディが世界的な霊的教師（スピリチュアル・ティーチャー）に成長する様子をそばで見られたことを心から嬉しく思う。以前はぼくのワークショップでなにも発言しなかった彼女が、音楽を披露し、短いスピーチをしはじめ、いまでは長い講演をするようになった。毎年着実に成長したシンディは、世界のトップレベルの教師たちと並んでいるとぼくは思っている。

「コース」でいうところの夢のレベルの話だが、シンディはたいへん強い遺伝子プールから生まれている。彼女の父親は受賞歴をもつ歴史の教授で、母親は心理学と音楽の両分野で博士号をもっている。シンディのいちばん興味のある分野が心理学と音楽というのは納得だ。彼女はサンタモニカ大学で霊的心理学（スピリチュアル・サイコロジー）の修士号を取得した。サンタモニカ大学は同学位を取得できる世界で数少ない大学だろう。そう、彼女はぼくより優秀なのだ。だが、ぼくは彼女を赦している。

シンディほど「コース」を読み込んでいる人を見たことがない。ぼくたちが一緒に住むようになり、八年前に結婚してから今日にいたるまで、彼女以上に「コース」を読んでいる人に出会ったことがない。彼女は「コース」に夢中だ（願わくば、ぼくの次に）。そんな彼女はいつも「コース」の話をしている。ときどきぼくが「シンディ、ちょっと勘弁してよ！しばらく普通にすごせないかい？」とぼやくくらいだ。

本書はヒーリングにかんする本である。シンディは知識と経験に基づいて語っている。彼女は、あらゆる病気はマインドで生じ、あらゆるヒーリングもまたマインドで起こることを理解している。実際、ヒーリングを行うのは聖霊（ホーリースピリット）だが、自らの知覚を聖霊の知覚に合わせるよう変えることができれば、聖霊にヒーリングを行ってもらえるようになる。「コース」では、マインドは「創造エネルギーをもたらし、霊（スピリット）を活性化させる主体［C-1.1:1］」だと述べている。本書は『奇跡のコース』と同様、マインドを変えることを目的としている。マインドはすべての原因となる場所だ。そこが変われば、結果は必然的に収まるところに収まる。他の方法でそうなることはあり得ない。このことを考えるときはいつも、シェイクスピアの「そうすれば、夜のあとに昼が訪れるように」という言葉が思い出される。

シンディは「コース」の非二元の哲学に忠実だ。初心者のために述べると、「コース」では、神の世界と人間の世界という二つの世界があり、そのうち神の世界だけが真実であり、それ以外のすべては真実ではないと述べている。ぼくの教師のアーテンとパーサがぼくに教えてくれた絶対的真実を表す言葉に、「神、在り」というものがある。学習者にとって、神が存在することを受け入れるのは比較的簡単だが、神以外は存在しないということを受け入れるのは難しい。シンディは絶対的真実から逸脱することなく、われわれがここにいるという経験をも否定はしない。われわれの目には、直面する問題、請求書の支払い、仕事、育んでいる人間関係といったものがほんとうに存在しているように見える。シンディはそれらを否定せずに語っている。本書の目的は、そうした経験を否定することではなく、それらは偽りの経験だと指摘することだ。目に見えているものが真実ではない。見えているものは、われわれが目覚めるべき夢だからだ。その目覚めが悟りである。

本書をとおして、肉体の真の目的から苦痛の対処法にいたるまで、多くの知識を得られるだろう。苦痛とは無意識の罪悪感が生んだものである。健康な精神を得るには選択する力へと立ち戻る必要があることがわかるだろう。『奇跡のコース』では、決断力こそ、われわれがこの世でもつ唯一の真の力だと教えている。シンディはその力の使い方を説明している。彼女は、みなが理解して受け入れられる言葉で「コース」を語る才能にあふれている。ワークショップで上級の霊的指針を明確に述べる彼女の能力は、本書でも存分に発揮されている。どうか本書を楽しんで、多くのことを学んでいただきたい。聖霊（ホーリースピリット）が宿るマインドの正しい部分が、本書を読んだあなたに感謝をするだろう。

二〇一七年　七月

ゲイリー・R・レナード

第一章　はじめに

エゴがあなたを病気だとそそのかすとき、肉体の癒しを聖霊（ホーリースピリット）に求めてはならない。それは単に、肉体こそが癒しの適切な対象だというエゴの信念を受け入れることだからである。その代わり、肉体に対する正しい知覚を聖霊に問いなさい。知覚はそれ自体では歪曲されるからである。知覚だけが病気を患える。なぜなら、知覚だけが間違う可能性があるからだ。[T-8.IX.1:5-7]

本書は三部から構成されるシリーズの最初の本となります。現代における非二元の最高傑作といわれる『奇跡のコース』からさまざまなテーマを取り上げ、三部を構成していきます。本書のテーマは、作家の夫、ゲイリー・R・レナードと行うワークショップでもっともよく聞かれる質問から選びました。この本では精神と肉体の両レベルにおける健康と幸せにかんし、「コース」のアプローチを具体的に説明していきます。読み進むにつれ、あらゆる経験は精神的な行程であって、肉体で起こるものではないことがわかるでしょう。本書は、肉体のみで健康を定義する、いわゆる健康法を伝える本ではありません。それでは、あまりにも限定された情報になってしまいます。肉体は、健康の源ではありません。健康かどうかを決めるのはマインドだからです。マインドの選択は、癒しや回復の兆しが現れるなど、肉体に反映されます。『奇跡のコース』では、わたしたちの経験は肉体でしているように感じられても、わたしたち自身は肉体ではないと教えています。わたしたちの本来の姿は完璧な霊（スピリット）です。純粋な非二元の思考体系では、神の世界と人間の世界の両方を信じることは二元を意味します。神の世界と人間の世界のどちらか一方が真実であり、完璧な一体性（ワンネス）である神の王国が真実です。完璧な一体性は、変化したりかたちを帯びたりしません。変化したりかたちを帯びたりするものは、幻想（夢）です。そこには夢であるわたしたちの一生も含まれます。本書ではわたし自身のべつの生の話を含め、個人的な話も述べています。それは、自らを永遠の存在だと認める意識を深める上で生を生かせることや、われわれが特定の考えや人物、状況に惹かれる理由を示すためでもあります。わたしたちのほとんどは、自分自身のことを物質界で生きる肉体だと信じています。だからこそ、自らの居場所と信じてやまないこの世界にいるわたしたちに『奇跡のコース』は語りかけてくれています。けれども、「コース」の真のメッセージは、わたしたちが同じ一つのマインドだということです。

　わたし自身、非二元を実践することは、かなりたいへんなことだと思っています。非二元は、この世界がないばかりか、わたしたちがこれぞ自分だと思っている人格が実在しないことを暗に示しているからです。それは、自分というアイデンティティについて教わったすべてを疑問視しなければならないことを意味します。わたしの場合、非二元は、自分について真剣になりすぎず、笑いを忘れずにいるための助けになっています。個人的には、エゴの投影であるこの世界のことはあまり真剣にとらえず、夢から目覚めることを真剣に考えるようにしています。世界がエゴの投影だなんて信じられないことですから、それについてあれこれ考える必要はなく、ただ夢（世界）のなかで自他に執着せず、自他を思いやり、〝普段〟どおりに生きていればいいのです。自分が夢を見ていることに気づけば、必然と夢から目覚めることがゴールになるからです。

　本書では、『奇跡のコース』を「コース」と記します。本書の内容の大部分は、「コース」からインスピレーションを受けたものです。重要な点は、「コース」がイエスの声であることです。「コース」は、一九六〇年代にヘレン・シャックマンという女性がチャネリングし、イエスの声を鮮明に聞き、彼が語ったすべてを書き取ったものです。「コース」の理解に役立つと思われる本を巻末に記しました。

「コース」の前書きには「コース」がどのように生まれ、なにを語るものであるかが説明されています。本書でも「コース」の思考体系について述べていますが、ご自身で「コース」をお読みになられることを強くお勧めします。きっと心が大きく開かれることでしょう！

「コース」では、イエスと聖霊（ホーリースピリット）は同等の存在とされています。イエスは、イエスとしての最後の生でキリストと同一視されたため、聖霊の象徴であり、愛と純真さと完全性そのものである聖霊の思考体系の象徴でもあります。本書でイエスと書かれた箇所は、聖霊を意味すると理解してください。「コース」は、キリスト教用語を使用していますが、宗教ではありません。宗教になることは決して意図していません。「コース」は自学自習の思考体系です。その思考体系は、聖霊とあなたのあいだにあり、エゴを解体する手助けをします。エゴという言葉は、わたしたちが源から分離しているという誤った考えに基づいた、偽りの自分を表しています。イエスは理由があってキリスト教用語を使用しています。「コース」は伝統的な意味をもつキリスト教用語の多くをまったく異なる意味でとらえ直し、西洋文化に浸透するフロイト派心理学の概念や防御のメカニズムと、そのメカニズムをマインドが用いる過程を見事に描写しています。ちなみに「コース」を書き取ったヘレン・シャックマンは臨床心理学者でした。本書では、「コース」によって新たに定義し直された用語を用いていますが、その意味はたいへんわかりやすいものとなっているでしょう。

本書は「コース」の代わりにはならないため、「コース」の代用として用いることは適切ではありません。霊的探求の手段として「コース」を選ばれた方には、「コース」の「テキスト」と「ワークブック」の両方を読まれることを強くお勧めします。「ワークブック」は、三六五日のレッスンから成り立ち、一日に一つのレッスンを一年にわたり行うものになっています。毎日の「ワークブック」のレッスンは、エゴの解体を促し、正しいマインドで歩む道へと軌道修正してくれます。多くの人々が、さまざまにかたちづくられた痛みや苦しみを終わらせたいと願っています。新しい思考体系と、霊的技術（スピリチュアル・テクノロジー）ともいえる入念なエクササイズが、痛みや苦しみを終わらせる手助けとなるでしょう！「コース」は、あらゆる苦悩の根本的原因である罪悪感に向き合います。罪悪感という概念については、本書で詳しく述べていきます。「コース」とともに霊的探求をされる方には、「コース」が述べていることに従い、実践に次ぐ実践を積むことが推奨されています！ワークブックは、具体的な方法で実践を身につける最初の段階です。「ワークブック」を終えたら、エゴを解体する取り組みを日々重ね、可能な限り一貫した姿勢を貫くことがゴールとなります。

わたし自身の経験からいえば、こうした考えをつねに鮮明に心にとどめておくことは不可欠でしょう。そうでなければ、エゴがあなたの思考を支配し、恐れを強化してしまいます。

「コース」は長年にわたり、わたしの人生を大きく変えてきました。不安な時期を乗り越える上でとても有効でした。多くの人々にとっても同じことでしょう。人々の「コース」との出会いのストーリーはいつでも興味深いものです。わたしがどのように「コース」と出会ったのか、また「コース」の優れた教師である夫、ゲイリー・R・レナードとの出会いについてもみなさんと分かち合いたいと思っています。「コース」をわかりやすく説明しているゲイリーの三部作『神の使者』『不死というあなたの現実』（ともに河出書房新社）、『愛は誰も忘れていない』（ナチュラルスピリット）を読まれることをお勧めします。これらの三冊にはいろいろな裏話も含まれています。そのいくつかについては、本書でも触れていますので、よりご理解いただけると思います。

一九九〇年代、二十代だったわたしは精神世界の本を読みあさるようになりました。いちばんの興味は心霊現象と臨死体験と幽体離脱でした。霊性（スピリチュアリティ）に興味をもったのは、八〇年代に霊的探求をはじめた母の影響でした。シャーリー・マクレーンの『アウト・オン・ア・リム』（角川書店）が出版されると、母はその本や他の情報源から得たことをわたしにたくさん話してくれるようになりました。母との会話は形而上学にかんすることが多かったので、わたしは当時から精神世界に心を開き、スポンジのように情報を吸収していました！　臨死体験への興味はもっと早く、十代はじめに祖母が臨死体験をしたと知ったころから興味を抱くようになりました。祖母は、自分の臨死体験を祖父に話していました。彼女はトンネルのなかにいて、その先に明るい光が差していたそうです。九〇年代になると、わたし自身、頻繁に幽体離脱をするようになりました。肉体という制限のない霊的世界を探索し、素晴らしい自由を体験しました。まさに開放でした！　そのおかげで霊的（スピリチュアル）なものにかんする興味はさらに強くなっていきました。

当時、本屋に入ると必ず精神世界のコーナーに立ち寄っていたわたしは、毎回棚から『奇跡のコース』の本を取っては数ページをめくり、棚に戻していました。なにを話しているのか、さっぱりわからなかったからです。まるで外国語のようでしたが、知的な書物であることは明白で好奇心をそそられました。二十代の数年は、そんなふうに「コース」の本を棚から出しては戻すというのを繰り返していました。ところがある日、なにが書いてあるのかわからないというのに、なぜかその本を買うよう導かれている気がしました。そしてそれから何年も、その本はわたしの家の本棚で眠ることになりました。あるとき、母がわたしの「コース」の本を借りてもいいかと尋ねてきました。それから間もなく、母は近所で開催されていた『奇跡のコース』のスタディグループに参加するようになり、わたしにレッスンの話をするようになりました。わたしたちは「コース」の話をよくしましたが、わたしはまだ本を読むにはいたっていませんでした。ただ、いつかは読むことになると知っているような感覚がありました。ある日、母が電話をしてきて、「コース」の集まりからもち帰った本の話をはじめました。それが『神の使者』でした。母はその本を大絶賛していました！ 彼女はその本と著者のゲイリー・R・レナードの大ファンになり、ゲイリーがいかにおもしろく、彼の文体がいかに「コース」をわかりやすくしているかを熱弁していました。わたしはその本の表紙にあったゲイリーの写真を見てすぐ、彼を知っているような感覚に陥り、なぜか説明がつきませんでしたが、彼の魂（ソウル）を知っている、と思いました。彼の顔、笑顔、皮肉たっぷりの愉快な態度など、とにかく彼のすべてをよく知っていると感じ、彼を思い出そうと彼の写真をよく見るようになりました。わたしは彼の本を読み、自分の道を見つけたことを思い知りました。ゲイリーのアセンデッド・マスターのアーテンとパーサは、とても効果的にユーモアを交え、コースのすべてを的確に語っていました。彼の本を読み終えてすぐに「コース」を読みはじめ、「ワークブック」のレッスンをはじめました。それが二〇〇五年のことです。それ以来、わたしが過去を振り返ることはなくなりました。

いつかゲイリーと結婚し、「コース」について人前で話し、「コース」の関連本を執筆することになるなど、九〇年代の当時は想像すらしていませんでした！　将来そうなるよと誰かにいわれても、「なにを吸ってたの？」といい返していたでしょう。わたしは当時、芸能界に興味があり、バンドで歌を歌うなど、芸能にかんする仕事をいくつかしていました。いまでもそうですが、当時から動物たちと一緒にすごすことも大好きでした。そんなわたしが『奇跡のコース』を教えることになるとは思ってもいませんでした。いつか人前で話して本を書くことになるとサイキックにいわれたことが何度かありましたが、恥ずかしがり屋のわたしは、「どうしたらそんなことが起こるの？」といつも不思議に思っていました。

二〇〇六年のはじめ、母がゲイリーの講演を聞きにラスベガスへいかないかと尋ねてきました。わたしはその年のはじめに開催された彼のイベントにいこうと思っていましたが実現できなかったため、母の誘いは絶好のタイミングでした。ラスベガスの講演会で彼の登場を待っていると、ようやく右の通路から歩いてくる彼が見えました。母が「見て！　ゲイリーだわ！」と指を指しながらいいました。わたしたちはとてもワクワクしていました！　歩いている彼を見たとき、以前と同じように、彼をよく知っている、という感覚が押し寄せてきました。彼の歩き方やしぐさでさえ、以前どこかで見たことがあるような気がしてならず、変な感じでした。でもその感覚は心地よいものでした。彼のスピーチが終わると、母とわたしは、彼に挨拶をして本にサインをしてもらうために列に並びました。わたしの前にいた母が先にゲイリーに会いました。母が話しはじめると、まるでゲイリーが母を知っているかのように母を思い出そうとしている様子がわたしにはすぐ伝わり、とても興味深かったです。二人は感じのよい会話を手短に交わし、わたしの番がきました。わたしは彼に挨拶をして、彼の本とそのメッセージがとても心に響いたことを伝えました。彼の表情から、今度はわたしを知っているかのように彼がわたしを思い出そうとしているのがわかりました。彼がミュージシャンだと知っていたので、自分もミュージシャンであること、そして時間があるときにわたしのウェブサイトを見てほしいことを伝えました。彼はとても優しく、ぜひ見たいといってくれました。わたしたちの会話は短かったですが、感じのよいものでした。お別れの挨拶をしてわたしが去ろうとすると、彼はわたしを呼びとめ、「きみのウェブサイトからきみに連絡取れるかい?」と尋ねました。わたしは「イエス」と答えました。その約三日後に、ゲイリーからEメールが届きました。そこには、わたしに会ったとき、わたしのことを知っていると感じたと書かれてありました。そしてわたしと会ったあとにべつの生の記憶が呼び起こされたという話や、その話をもっと聞きたいかという誘いが記されてありました。わたしも彼とまったく同じように感じていたのです。そのときのやり取りがきっかけとなり、わたしたちはその後も連絡を取り合うようになりました。そして二〇〇七年、一緒に住むために彼はわたしの住むカリフォルニアへ引っ越し、二〇〇九年、わたしたちは結婚しました。

ゲイリーの前に現れるアセンデッド・マスターのアーテンが、イエスの弟子のタダイであり未来のわたしでもあることをわたしが知ったのは、彼の二冊目の本『不死というあなたの現実』を読んだ二〇〇六年夏の終わりのことでした。彼の本ですでに、女性のアセンデッド・マスターのパーサがイエスの弟子のトマスであり、いまのゲイリーであることは知っていました。いうまでもなく、すべてがうまく組み合わさって、わたしたちはゲイリーとシンディとして再会し、イエスのメッセージを広める活動を続けているわけですが、そのことに気づいたのは、ある日、車のなかで『不死というあなたの現実』の「アーテンは誰か？」という章を読んでいたときでした。その章でアーテンとパーサは、ゲイリーが今世でどのようにアーテンと出会うのか、そしてアーテンが今世では女性であることをゲイリーに告げていました。その箇所を読んだとき、以前にその会話をどこかで聞いたことがあるような気がすると同時に、すぐに彼らが話している女性とはわたしのことなのだとピンときました。謎が解けたと思った瞬間でした。それは驚きでいっぱいで、興味をそそられる体験でした。わたしはゲイリーが教えてくれるまで待ちたかったので、自分が気づいたことを彼にはいいませんでした。でもその数ヶ月後、一緒にディナーをしていたときにわたしのほうからその話題をもち出すと、彼はその話を受け入れ、本のサイン会ではじめて会ったときにわたしを見つけたと思ったと話してくれました。その瞬間、わたしの人生は百八十度変わるのだと思いました。すべてが鮮明になったあの瞬間のことは決して忘れないでしょう。それまで見ていた夢のすべての辻褄が合っていくようでした。二千年前にイエスと一緒にいたこと、イエスに親近感を抱いていること、それまでの霊的探求の道のりはその後に起こる出来事の準備であったこと、そうしたすべての意味を理解しました。ゲイリーとわたしが出会う運命にあったことは明らかでした。わたしたちはともに活動し、みなを生家へ導く愛と赦しを用いて、イエスが二千年前に教えた非二元の思考体系という真の教えを広める運命にあることは明白でした。その思考体系は『奇跡のコース』の教えのなかでも健在です。イエスの教えはわたしのなかで強化され、決して去ってはいなかった神の内なるわが家へと目覚める道にわたしをとどめています。その道の一部として、イエスの教えをみなさんと分かち合えることを光栄に思います。「コース」の教えに対するわたしの情熱とともに、わたしがどのように「コース」と出会い、ゲイリーと出会ったのかをお伝えした部分は、近いうちに書くことになるであろう本の理解にも役立つと思います。

二〇〇九年、サンタモニカ大学（ＵＳＭ）で霊的心理学（スピリチュアル・サイコロジー）の修士号を取得できたことは幸運でした。霊的心理学のわたしの教授でもあったロンとメリーのハルニック博士夫妻は、あらゆる動揺の原因がわたしたちの外側にはないことを真に理解されています。それは「コース」と共通するテーマです。彼らがいまなお素晴らしい教育機関でご尽力されていることに感謝します。成長と幸せに役立つさまざまな心理学的ツールのなかでも特に投影に対する彼らの理解と、赦しにかんする彼らの教えは、「コース」への賛辞のように感じられました。心理学のメソッドに基づいた、実践的で霊的なアプローチによるライフコーチの認定証を取得されたい方には、ＵＳＭのコースはたいへん有益なものとなるでしょう。

ゲイリーとわたしのワークショップでは、健康と幸せにかんする質問を非常に多く受けるため、本書ではそれをテーマとしています。本書のほとんどは、肉体、人間関係、その結果として生じる精神的、感情的反応にかかわるさまざまな状況を、「コース」の見方でどのように見るかという内容で構成しています。

「コース」と関連するゲイリーの著書の一節や「コース」の引用もご紹介していきます。そしてやはり、わたしが「コース」の偉大な教師である故ケネス・ワプニック博士の影響を受けずにはいられなかったことを述べておきたいと思います。彼は「コース」が生まれる初期のころ、ヘレン・シャックマン博士や、ヘレンの同僚で彼女と一緒に「コース」を書き取ったビル・セットフォード、さらに二人とともに「コース」の出版社を立ち上げたジュディ・スカッチ・ウィットソンと一緒にいた人物です。わたしは、ヘレンを除いてワプニック博士が誰よりも「コース」の教えを理解していたと思っています。彼は「コース」の教えを解説した著書や小冊子を多数残されました。わたし自身、彼の著書から学び、彼の影響を大きく受けています。ぜひ彼の本を読まれることをお勧めします。

「コース」をまだご存知でない方のために、もう一度お伝えします。「コース」は純粋な非二元の思考体系の教えです。神を唯一の現実として認識することについて語っています。神以外のものは存在しません。そのことを考慮して読まれると、本書にあるさまざまな概念が意味をなして理解しやすくなるでしょう。「コース」は、分離に基づいてわたしたちがつくり上げた偽りの自己概念であるエゴを解体する一助となるべくつくられたものです。エゴという偽りの自己は、わたしたちの現実とはまったく関係がありません。ほんとうの現実とは神であり、完璧な愛です。非二元の体系では、神以外のものは存在しません。「コース」は序文でこう述べています。

> 実在するものが脅かされることはない。実在しないものは存在しない。ここに神の平和がある。［T-In.2:2-4］

この文章をべつの見方でとらえるということは、一体性（ワンネス）と完全性の観点から考えることだといえるでしょう。「コース」はさらに次のように述べています。

> 一体性（ワンネス）とは、簡潔に述べると「神、在り」という概念である。神は、神という存在の内側であらゆるものを包括する。マインドで神以外のなにかが保たれることはない。わたしたちは「神、在り」といって口をつぐむ。その知識のなかでは、言葉は無意味だからである。言葉を語る唇はない。マインドのどこにも、マインド以外のなにかを区別して自覚するはっきりとした感覚はない。マインドはその源と結ばれている。その源と同様、マインドはただ存在するのみである。［W-pI.169.5:1-7］

この文章を踏まえると、学びには自分の贖罪（アトーンメント）を受け入れることが含まれます。贖罪とは、神から決して分離していなかったと認識することです。わたしたちは分離の夢を見ているだけです。「コース」で登場する贖罪は、いわゆるキリスト教の贖罪とは異なります。キリスト教の贖罪は、罪を償うものですが、「コース」では罪は存在しないので、罪を償う必要はないと述べています。罪は分離の考えにすぎません。わたしたちは分離の夢を見ているだけです。そして夢から覚めると、神の内なるわが家を決して去ってはいなかったと気づきます。そう、なんと嬉しい考えでしょう。悪夢から覚めて「夢でよかった！」と思い、夢の出来事が現実ではないとわかったときのホッとした経験は、誰にでもあるでしょう。それはきっと、わたしたちが世界と呼ぶこの夢から目覚めたときの経験と似ているはずです。つくり出されたこの世界という夢が消滅する経験をわたしたちはするはずです。エゴが解体されると、そのすべてが明らかになり、真の理解だけが残るでしょう。

人は結果を重視します。本書でも結果を生むことを目指しますが、なにかの達人になりたいのなら、練習と実践は不可欠です。わたしは、自分がこうした考えの達人だとはいいませんが、わたしのガイドでもある真のマスターの聖霊（ホーリースピリット）とイエスに従っていることは断言できます。イエスと聖霊は、聖霊が宿るわたしたちのマインドの正しい部分を象徴しています。そして、訂正という素晴らしい原理や、神からの分離やその他のあらゆることはなにも起きていなかったという贖罪の原理を象徴しています。わたしたちは神の内側で、純真で完全で完璧な存在です。それがほんとうの現実です。神から分離したと信じるマインドは分裂するため、「コース」では、わたしたちには誤ったマインド（分離に基づいたエゴの象徴）と、正しいマインド（完全性と純真さと愛に基づいた聖霊の象徴）があると説明しています。どちらのマインドで自らを認識するか、それがそのとき信じている自分だといえます。**わたしたちは、信じたいことを信じて、見たいものを見ます。**

本書で述べる考えやエクササイズは、医師の治療や助言の代替になるものではありません。「コース」の考えからインスピレーションを受けた本書の情報は、真の変化が起こるマインドのレベルを解説しています。マインドが変化すれば結果も必然的に変わりますが、イエスは、結果ではなく原因に目を向けることを推奨しています。つまり聖霊（ホーリースピリット）かエゴのどちらかを内なるガイドや師（ティーチャー）として選択することを推奨しています。わたしたちの経験は、マインドがどちらの師を選択したのか、その選択を反映します。わたし自身、物事に対する自分の判断を手放して聖霊に任せると、いかにその物事がスムーズに進むかを実感します。たとえその物事自体は一見なにも変わっていないように見えても、わたし自身の経験はまったく違うものに変わります。たいていは、より穏やかなものに変化します。それはなにものにも代えがたい価値ある経験です。嫌な気持ちを抱えているとき、「コース」では、わたしたちには選び直す力があるといっています。わたしたちは自らのマインドの全責任を担っているのです！

本書では、マインドを整えることで肉体的健康によい影響を及ぼす場合があることにも触れています。もちろんそれがゴールではありません。わたしたちのほんとうの思いを妨げる、エゴによるマインドの騒々しい叫び声を一掃しようとしても、肉体の問題がなくならない可能性があることは理解しておくべきです。けれども、問題はそこではありません。結局は健康な肉体にせよ、病気の肉体にせよ、神の真実ではないからです。肉体がほんとうのわたしたちを表すわけではないからです。大事なことは、真のゴールは、肉体に起きていることに関係なく、内なる平和を保てることに気づくことです。平和な状態はマインドに存在します。「コース」では、「考えはその源を離れはしない［T-26.VII.4:7］」と述べています。ですから、わたしたちの考えの結果である世界の出来事は、わたしたちのマインドを離れてはいません。肉体を含め、すべてはマインドにあるため、わたしたちは物事に対する考えを変えればよいのです。原因と結果は別々なものではなく、一つのものです。本書で幸せについて触れるときは、精神的な状態について述べています。つまり、真に神と一つである霊（スピリット）との聖なるつながりをどのように体験できるか、その具体的な考えを繰り返し述べながら学びを進めていきます。

世界は幻想です。だからといって自分を大切にしなくてよいとか健康的なことをする必要がないとか、そういう意味ではありません。いずれにしても、わたしたちには嗜好がありますし、それは悪いことではありません。水が幻想だからといって、水を飲まないわけではありません。自分が物質界で生きる肉体だと思う限り、わたしたちは最善な状態であるために役立つ常識的なことをしなくてはなりません。「コース」では、わたしたちが自分たちを癒すために用いる外側のものを「魔術（マジック）」と呼びます。これは、世界で起きることや肉体が真実ではないという概念と一致します。でもそれらが幻想だからといって、食料、水、薬など、特定のなにかが不要だと証明しようとしたところでうまくはいかないでしょう。内側から自然と生じるガイダンスに従うことが、どんなときでもいちばんです。そのガイダンスが愛から生じているなら、精神的にも肉体的にも役立つものへと導いてくれるはずです。

わたしたちはつねに、いるべきところにいます。偶然はありません。無作為になにかが起こることはありません。「コース」はマインドの訓練にフォーカスするため、なにをするかよりも、どのように物事をとらえるかということを重視します。聖霊（ホーリースピリット）と同じように考え、正しい思考を実践することが大事です。なにが起きても、わたしたちはつねに神の光の内側で守られています。『不死というあなたの現実』では、「あなたは身体ではない。あなたは愛であり、愛がどこに現れようともそんなことは問題ではない。愛であれば、間違いようがないのだから［YIR P.217］」と述べています。わたしは難しい状況にあるとき、この言葉についてよく考えます。なにが起きても、どこにいても、愛をもって考えればつねにふさわしいときにふさわしい場所にいるのだと思い出させてもらえます。また、マインドに愛があると、聖霊の声を聞いて、それに従いやすくなります。これからわたしたちは、聖霊から生じるインスピレーションと、エゴのガイダンスの違いを学んでいきます。それらは互いに相容れないマインドの状態です。この学びは、マインドの二つの声を聞き分ける際に役立つでしょう。一つの声は源から分離したことへの罪悪感（エゴの考え）を強化させ、痛みと苦しみに導きます。もう一つの声は聖霊を象徴し、喜びと平和に導きます。自分がどちらを選んでいるのかは、そのときの自分の気分でわかります。

もう一つ大切なことは、自分が感じることとマインドで考えることのつながりを理解することです。それを理解すると、マインドフルネスの価値がわかるでしょう。自分が感じていることと考えていることを関連づけるようになると、マインドの思考をコントロールできるようになり、目の前の出来事をどう解釈するのか選択できることを思い出せるようになります。はじめに考えが生まれ、次に感情が生まれます。わたしたちはまず、決まった方法で人や物事を解釈します。そして、考えたことを感情をとおして経験します。考えは感情の原因であり続けるからこそ、思考や解釈や経験を変えられる真の力はマインドのレベルに存在します。

次第に痛みや苦しみの原因が自分の外側にはないと気づくかもしれません。その気づき一つでも、いま経験している苦悩からの解放へと軌道修正ができます。もしほんとうに自分の外側にあるものが自分の苦しみを引き起こしているというのなら、あなたは世界の犠牲者だということになります。でも世界にその力はありません。「コース」には、次のような一文があります。

わたしは、わたしが見ている世界の犠牲者ではない。[W-pI.57.1.（31）]

なぜなら、世界はあなたのマインドから発せられている投影にすぎないからです。あなたの外側に世界はありません。わたしたちは自分が見たいものを見る、それだけです。意志をもって実践を積めば、ゴールである真実と、真のヴィジョンであり、真の知覚であり、わたしたちの純真さを表すキリストのヴィジョンとともに、正しく物事を見られるようになります。

ぜひ一緒に霊（スピリット）と行う癒しの旅をはじめましょう。エゴの計画を手放すことを学び、決して失敗しない聖霊（ホーリースピリット）の計画に信頼を注ぎましょう。真実であり永続するその計画が、あなたを苦しみから連れ出し、あなたの本質である霊とあなたが決して去らなかった生家へと導いてくれます。

第二章　健康とはなにか

健康は、愛をもたずに肉体を使おうとする、あらゆる試みを放棄した結果である。[T-8.VIII.9:9]

夫がスイスのウィンタートゥールで『奇跡のコース』の講演をした際、わたしは後ろのほうで座って聞いていました。彼はそこで「イエスは悟ったので、もう地上には戻ってこない」といいました。この世のレベルでは、イエスが肉体をもつ人間だったことは確かだといえるでしょう。彼がのちにキリストになったように、わたしたちもまた、キリストへと目覚めます。悟りを経験すると、肉体をもって地上へ戻る必要はなくなります。実際、肉体はマインドの投影なので、わたしたちは肉体ではありません。ゲイリーがそう述べたあと、わたしの身体が震え出しました。なにかとても力強い存在を近くに感じました。まるでダウンロードするかのようにある考えが浮かびメッセージを受け取りました。その存在はイエスだと思いました。次のように語る声が聞こえたからです。

わたしが戻ってこない理由は、わたしが決して去っていないからだとみなに伝えなさい。わたしはあなたの内側で生きている。どんなときでも人々がわたしであるかのように彼らに接しなさい。わたしが特別だからなのではなく、みなが高潔な存在だからである。いかなるかたちでも痛みや苦しみを感じるときは、それは苦痛を引き起こしている考えだということを思い出しなさい。そしてその考えは、苦痛をもたらすのか、喜びをもたらすのか、自問しなさい。もし苦痛であるのなら、新しい考えをもつと決めなさい。そして、いかなるときも真実を思い出しなさい。

というメッセージでした。わたしの身体はまだ震えていて、その後二時間ほどずっと震えていました。メッセージはとてもシンプルで、愛にあふれた優しいものでした。そのとき「コース」がこういっていたのを思い出しました。

救済とはなんと単純なものであろうか！　救済が語ることは、一度も真実でなかったものが、いまも未来も真実になることはない、ということだけである。起こり得ないものが起

こったことはなく、それが影響を及ぼすことも決してない。[T-31.I.1:1-3]

わたしたちが自分は肉体だと信じ、線型(リニア)の時間上、とても長いあいだ肉体の世界を信じてきたことに難しさが潜んでいます。あなたは肉体ではなく、神からの分離を含めなにも起きていなかったといわれても、それを完全に受け入れられるようになるには少々時間がかかるでしょう。無理もありません。でも分離の思考をもつエゴは、時間がかかるどころかそれをまったく理解しません。エゴが今後もそれを理解することはありません。エゴにとってそれは、文字どおり信じられないことだからです。でも、わたしたちは信じ続けましょう。そう信じることが、なににも代えがたい恩恵をもたらすからです。わたしたちはすべてを超えて広がる存在でありたいと願っています。

わたしたちが自分だと思っている偽りの自己概念であるエゴは、愛から分裂し、神から分離した世界をつくり上げました。それがまさにいたるところに存在しています。エゴを煽る狂った考えとは、エゴ自らが自己形成をしたいがゆえに神の王座を奪おうとした、という考えです。それはほんとうに愚かな考えですが、わたしたちがその考えをもたらしました。その結果、分裂したマインドのエゴの部分がこの世界と肉体に向けて投影されました。その肉体とは、健康に見えたり病気に見えたりする肉体のことです。これがこの世の二元という本質です。イエスは「コース」で、健康な肉体も病気の肉体も真実ではないため、その二つにはなんら違いはないと述べています。肉体はいずれにしても、完全で完璧な一体性（ワンネス）であるほんとうの現実ではありません。ではいったい病気を引き起こしているものはなにか、という質問が「コース」の学習者のあいだでよく聞かれます。その質問に答えるために、「コース」における健康の定義を述べておきましょう。すると健康の反対がなにを指すのか、おのずとわかるでしょう。

ラルフ・ウォルドー・エマーソン（一八〇三年、米、マサチューセッツ州生まれ。思想家、哲学者、作家、詩人、エッセイスト）は、「いちばんの富は健康である」といいました。まさにそのとおりです。でも、わたしたちのほとんどは健康を考えるとき、肉体の観点で考えます。肉体がきちんと機能し、病気のない状態であれば健康というわけです。一般的な考え方ではそうですが、それは健康という言葉が示すほんの一部にすぎません。

「コース」では、健康とは内なる平和だと述べています。聖霊（ホーリースピリット）の目的のために肉体を使うなら、つまりつながって一つになるために肉体を用いるなら、あなたはあなたの完全性を示します。あなたは肉体ではなくマインドなので、マインドの目的とつながることでつねに一体性（ワンネス）を象徴します。「コース」では次のように述べています。

> ということは、肉体の健康の原因は肉体ではないことになる。肉体の状態は、肉体機能をどう解釈するかというあなたの解釈だけにかかっている。[T-8.VIII.1:7-8]
>
> あなたのマインドが癒されると、そのマインドは健康を放射し、それによって癒しを教える。[T-6.V.C.9:7]

「コース」のこのような文章は、どんなときでもマインドが原因であり、肉体と世界は結果にすぎないというイエスの教えを反映しています。わたしたちの内側の世界と外側の世界は同じです。外側の世界は、わたしたちが外側に投影した考えを絵に描いて表したようなものです。わたしたちは、エゴあるいは聖霊（ホーリースピリット）をわが師（ティーチャー）として肉体を解釈します。では健康が内なる平和なら、どのようにそれを見つけるのかと聞きたくなるでしょう。「コース」では、神の平和に達する上で欠かせない真の赦しを行うことを推奨しています。怒りの感情が現れているとき、ほんとうの平和が生じることはありません。ほんとうの平和は真の赦しから生まれます。怒りは平和の反対で、平和が存在することに対するエゴの拒絶といえます。そうでなければ、わたしたちはすでに平和を選んでいるはずです。ほとんどの人にとって、腹を立てることはたびたびあるものですが、怒りが正当化されることは決してないと認めることが大事です。わたしたちは、自分たちが思っているような理由で動揺したり怒ったりしているわけではないからです。わたしたちはただ、間違った見方で他者や世界を見ているゆえに全体像をとらえ切れず、そのため人々に起きていることや発生している物事を正しく判断できずにいます。

余談ですが、エゴを師（ティーチャー）として自分の強さを信じている場合、不安、心配、恐怖を感じることは避けられません。エゴの強さという誤った感覚に信頼を寄せることは、弱さに信頼を寄せているのと同じです。「コース」は、どんな状況でもわたしたちの絶対的な安全は神とともにあることだと理解する手助けをします。その安全はわたしたちのマインドの内側にあります。わたしたちがすべきことは唯一、エゴの弱い考えを見すごし、真の強さの源までたどり着くことです。どんな状況であっても、その場所にたどり着き、その場所を頼りにすることができます。わたしたちはそこでこそ自分自身を見出せます。ほんとうに恐れるものはなにも存在していません。

赦しとは

内なる平和をどのように見つけるのかという質問に戻りましょう。健康な状態といえる内なる平和を経験する上で、真の赦しは欠かせません。だからこそ、「コース」の赦しのステップを一つひとつ具体的に解説していきます。その前に、「コース」で述べている破壊するための赦しと真の赦しの違いを明確にしておきましょう。

破壊するための赦しとは

破壊するための赦しとは、一般的に理解されている赦しを指します。なにかをした相手を有罪と見なして行う赦しのことです。そのような赦しをしても、世界をまだ実在させています。つまり罪を実在させています。そのような赦しを試みるとき、わたしたちは自分自身の罪を強化します。わたしたちのマインドはつながっていて、一つのマインドがあるだけだからです。これは「コース」の実践において、理解すべき大事な概念です。一つのマインドしかないのなら、誰かに対して投影した考えは自分自身に対するものです。真の赦しを理解するには、非二元がどのように機能するかという基本的な理解が必要です。愛しか存在しません。それ以外のものはありません。自他に対して恐れの考えしかなく、愛の考えがないのなら、わたしたちは存在しない状態にあるということです。これを受け入れるには時間がかかり、実践を重ねる必要があります。

破壊するための赦しは、さまざまなかたちで覆い隠されている場合があります。破壊するための赦しか否かは、他者やその状況に不満を抱えているか否かでわかります。赦したつもりでもまだ相手を悪いことをした人間だと思い、自分のほうが正しいと思う気持ちが少しでもあるのなら、それは破壊するための赦しをしていることになります。

真の赦しとは

真の赦しは、分離に対する幻想の解釈と信念を手放すことで、他者や世界に見出していた過ちを取り消します。真の赦しでは、人々がしたことではなく、人々がしなかったことを赦します。彼らがなにもしていない理由は、分離が幻想だからです。そしてわたしたちが、神の内なるわが家にいるからです。なにも起きておらず、この世界での経験は夢にすぎません。夢のなかの出来事はほんとうに起きておらず、つくられたものです。誰かを有罪にすることは、夢を実在させ、分離を信じるマインドにおいて罪を強化することです。わたしたちはそんなエゴの思考体系の深刻さを笑い飛ばし、真実で置き換えることができます。笑いは誰かを笑い者にするのではなく、恐れからの解放や強烈な状況や感情からの解放という意味においていつでも有効です。他者と築いている特別な関係は、わたしたちが赦しを行わなければならない最大の機会といえるでしょう。既婚者のなかには、ロドニー・デンジャーフィールド（一九二一年、米、ニューヨーク州生まれ。コメディアン、俳優、声優）の次の名言をおもしろく感じる方もいるでしょう。「妻とわたしは二十年間、一人で幸せだったのに、そのあと出会って幸せは終わった」

真の赦しはつねにマインドのレベルでなされるもので、行動でなされるものではないことに注意してください。だからといって誰かに傷つけられたりいじめられたりしても、赦しをするのだと自分にいい聞かせてなにもせずじっとしている、という意味ではありません。それは自分に対しても、いじめをしている人に対しても、愛のある行動とはいえません。普通に振る舞っていればいいのです。いじめを見たらそれを報告するなど、普通のことをして同時にマインドで赦しを行えばいいのです。するとその出来事に対する深い理解とともに、恐れという幻想から自分を解放できます。確かにこの世には因果関係があります。わたしたちは決して虐待行為、殺人、犯罪、裏切り行為などに抵抗せずそれらを容認するよう求められているのではありません。ただ赦しを行い、この世界においてもっとも愛のある行動をするために、愛が現れるままにしていればよいのです。

では、破壊するための赦しと真の赦しの大まかな説明を踏まえ、他者や物事を真に赦すための基本的なステップを見ていきましょう。

真の赦しへたどるステップ

ステップ1　原因を明らかにする

あらゆる動揺の原因は、見ているものに対するエゴの解釈をマインドが選んだことです。エゴの解釈は分離の幻想に基づいています。つまりわたしたちが動揺する理由は、存在しないもの、真実でないものを見ているからです。わたしたちは、神から分離したい訳として特定の人物やある状況の嫌な部分を用いて幻想を実在させます。このステップの重要なポイントは、たとえばある状況について考えるとき、その状況は自分が自分に対して行っていることだと思い出すことです。そして自分が選んだその選択は、自分を幸せにしていないと気づくことです。いったんそう認識できると、心を開いてその状況をべつの見方で解釈しようと積極的に思えるようになります。この最初のステップでは思わず笑顔を浮かべ、「またわたしはエゴの愚かさを選んでいたな」とつぶやいたりするでしょう。つまり遊び心をもってその状況を陽気にとらえるのです。深刻に考えてしまうことが世界や問題を実在させます。神を信じていない人は、神は完璧な愛の存在だと思っていれば大丈夫です。それが神という存在だからです。神をそのようにとらえれば、本書に登場するさまざまな考えがより意味あるものとなるでしょう。ほんとうの問題は、神に対してわたしたちが抱えている恐れです。わたしたち（分裂したマインドのエゴの部分）は、神の愛を投げ捨てて神を攻撃したと思い込み、神について独自のイメージをつくり上げています。たとえば復讐心に燃える神が、わたしたちが犯した罪を罰しようとしている、といったイメージです。「コース」は、罪は存在しないといっています。罪とは自分がつくり出した概念にすぎず、現実とは一切関係がありません。「コース」では罪は単に愛の欠如、すなわち分離を意味します。わたしたちは無意識に自分たちのことを罪深き存在だと思っています。そして自分は有罪で、その罪こそが取り消されるべきものだと信じています。

要するにこのステップは、「自分が見ているのは夢だと思い出すこと［DU P.235］」だといえるでしょう。わたしたちは分離の夢を見ています。ということは、夢の登場人物たちはすべて自分がつくり出したものです。加えて自分が彼らに演じさせている彼らの行動は、自分のためのものです。夜見る夢と同じです。彼らの動機を自ら解釈することで、自分のために彼らに演じさせています。彼らを憎しみに満ちた悪意ある罪深い人間だと見なせば、彼らはそのとおりに見えます。あらゆるマインドはつながっているため、あなたは彼らに対する見方と同じように自分のことも見ていることになります。この最初のステップでは、見ているものは夢であること、そして自分の動揺の原因は自分の外側ではなく、自分のマインドにあることを思い出します。そうすることで見ているものに対する考えを変え、聖霊（ホーリースピリット）というべつの師（ティーチャー）を選べます。聖霊は、あなたが見ている人や状況を純真な愛のレンズで見ることを思い出させてくれます。

イエスは人々の表現には二つのかたちしかないといっています。一つは愛の表現、もう一つは愛を求める呼びかけの表現です。愛を求める呼びかけは、肉体的あるいは言語的に凶悪な攻撃のかたちを取る場合があります。その場合の適切な応答とは、たとえ物理的には危険な状況から抜け出して自分を守ることであっても、マインドでは愛を保ち続けることです。愛の思考をもってマインドで応じる、ということを選ぶと、おのずとかたち（世界）のレベルでなすべきことへと導かれます。これは、なにに対しても受け身で、人々に踏みにじられるままでいるという意味ではありません。まずマインドで愛を選び、応じる必要があるなら、恐怖に満ちた方法ではなく愛に満ちた方法で応じるという意味です。このように赦しを行うと、マインドに潜む罪悪感が取り消され、内なる神の平和と強さが増大します。

ステップ2　原因を手放して入れ替える

赦す姿勢をもつことで、「あなたが投影したイメージとそれを夢見たあなた自身を赦すこと［DU P.236］」が必然的に起こります。つまり赦す対象は、自分の幻想の知覚であり、真実とは異なるものです。けれどもエゴは、あなたが赦そうとしているものは、ほんとうに起きたことだとあなたに思い込ませようとします。そのためあなたは、自分が赦すものは、自分に対してなんらかの言動を発した人間だと思うのです。繰り返しますが、「コース」では、わたしたちは人々がしたことではなく、人々がしなかったことを赦すといっています。彼らがなにもしておらず無実である理由は、わたしたちが神の愛から分離していないからです。神の愛から真に離れることはできないという、神の非二元の本質を思い出してください。わたしたちが見ているものは夢です。夢は実在しません。みなが無実であるのはそのためです。ですからこのステップでは、心のなかで次のように唱えてみましょう。**「聖霊（ホーリースピリット）よ、この人やこの状況をわたしのヴィジョンではなく、あなたのヴィジョンで見させてください。わたしはこれを見る代わりに平和を選ぶことができます」**。その際、思い込んでいることを覆す意志が必要です。このステップは、自分は自分にとってなにが最善かを知らないが、聖霊は知っている、ということを思い出させてくれます。

この世のレベルでは言動から生まれる因果があり、世界はそのようにつくられています。けれども、マインドは真実を知ることができます。あなたを含むあらゆる人々は一切の罪をもたずに平等に神に愛されています。神はわたしたちを一つの存在として、神ご自身とまったく同じ存在であるよう創造されたからです。わたしたちは神の子という一つの存在です。そのように考えられるようマインドを訓練していくと、自動的に赦しが行われるようになります。人々が犯した過ちのために彼らを赦そうとすれば、わたしたちはその過ちを実在させます。そしてマインドにおいて、分離はより実在するものになります。このような破壊するための赦しはさまざまなかたちでわたしたちをだますため、わたしたちはあたかもほんとうに他者や状況を赦そうとしているのだと錯覚します。けれどもなにかを真に赦せば、わたしたちは完全に恐れから解放され、内なる平和を知ることになります。

この二番目のステップでは、エゴに基づく思考と、完全性と一体性（ワンネス）と純真さを象徴する聖霊（ホーリースピリット）の思考体系を入れ替えます。聖霊の思考体系はあなたのマインドにすでにあるため、この入れ替えは、聖霊の愛の延長としてあなたのマインドで自然に発生します。このステップを踏むとどのように考え方が変わるのかという例ですが、たとえば「あなたは有罪で、苦しみに値する」という発言は、「あなたは完全で一切の罪をもたない霊（スピリット）であり、すべては赦され、解放されている［YIR P.80］」という発言に変わります。

したがって、このステップでほんとうにすることは、聖霊（ホーリースピリット）を信じ、あなたのなかにある聖霊の強さを選ぶことです。聖霊を信じるとは、マインドで行われる真の訂正は聖霊に任されていると信じることです。赦しとは訂正です。あなたにはただ最初のステップとこの二番目のステップを行う責任があるだけです。あとは聖霊に任せましょう。聖霊はあなたの赦しを受け取り、恐れを伴わずに赦しを受け入れられるあなたの準備が整うまで、たった一つのマインドでその赦しを保ち続けます。それが聖霊の仕事です。特定の結果が生じる必要性を手放せるよう実践していきましょう。わたしたちは自他のためになにが最善かわかっていませんが、いかなる出来事も、それにかかわるすべての人たちにとって最善となるよう聖霊にお願いできることを覚えておきましょう。

赦しをする際、完全性や一体性（ワンネス）の観点から考えると有効です。一人が癒されると、全員が癒されます。真の赦しを日常的に行うことが大事です。どんなときでも内なる平和を乱すことが起きたら、真の赦しを行います。些細なことだからといってそれを除外しないようにしましょう。些細に見えても、それは大きなことと同じように内なる平和に影響を与えます。すべてを同じように見る練習をしましょう。あなたの内側は、平和か平和でないかのどちらかです。その中間はありません。「コース」では、幻想に順位はないといっています。ということは、どれか一つの問題が他の問題よりも大きいということはあり得ません。さらに「コース」では、次のように述べています。

小さな動揺というものはない。どんな動揺も、すべて等しくわたしのマインドの平和を乱すものである。[W-pI.5.4:3-4]

けれども、なにもせずそのままにしておく必要はありません。苦しみの原因となっている攻撃の思いを探し出し、その思いを変えられるのだと自分にいって聞かせましょう。エゴや攻撃の思いに順位がないこともつけ加えておきます。それらはどれも同じです。愛のあるものか、そうでないものかのどちらかです。不安症で悩む人々はこの考えに助けられるかもしれません。べつの章で少し触れますが、わたし自身、不安症で悩んだ経験があります。あらゆる攻撃の思いが同等であるというなら、一つの思いが他の思いより強かったり恐れに満ちていたりすることはあり得ません。それらはすべて同等に真実ではないと見なすことができます。そう見られるようになるには実践が必要です。マインドは、ある特定の攻撃の思いが、他の思いよりも恐れに満ち、実在すると考えるからです。でも、それは誤った考えだと優しく自分にいってあげましょう。そして内側に向き合い、マインドにある神の力に触れられるよう実践を重ねましょう。マインドにある神の力のなかでは、いかなるときも安全です。

ワークショップでは、自分を赦すことが難しいという声が多く聞かれます。彼らは他者のことは赦せても、自分を赦すことがほんとうに難しいといいます。自分を赦す練習で大事な点は、わたしたちは一つのマインドなので、あらゆる赦しは自分を赦すことだと思い出すことです。エゴは自分が分離した状態にあると信じているため、自分が他者から切り離されていると思い込んでいます。このように分離を信じていることが、自分を赦せない状態を引き起こしています。第六章の光のエクササイズのところでも述べますが、自分を赦す練習をするとき、目的がなにかを問うことを覚えておくとよいでしょう。ほんとうの目的は、あなたが自分のアイデンティティだと思い込んでいる肉体や個性といった幻想のなかでは見つかりません。ほんとうの目的は、幻想を超えところにあります。それは神とつながることです。

多くの人が、自分の肉体を赦していると思っています。自分を赦す際、自分が肉体だという信念を赦し、自分という肉体にまつわるあらゆる幻想の思いを赦すようにしてください。次のように心のなかで唱えてみるといいでしょう。「わたしは、自分が肉体だと信じ、愛から分離した存在だと思い込んでいる自分を赦します。わたしのほんとうの姿は、完全で一切の罪をもたない完璧な霊（スピリット）です」「わたしは、不安、気分の落ち込み、不平不満というかたちで現れた攻撃の思いと自分を同一視しています。そんな自分を赦します。聖霊（ホーリースピリット）が、神と一つで完全で純真なほんとうの自分を見られるよう助けてくれます」。そのあとはなにもせずそっとしておきましょう。エゴはもっとなにかすべきだとあなたに思い込ませようとしますが、いま述べたことをきちんと認めるだけで十分です。物事をより複雑にさせようとするエゴの誘惑に注意してください。赦しとはマインドの変化と焦点の変化を意味します。

赦しを行うメリットは絶大です。赦しを行った結果はさまざまなかたちで現れます。わたし自身の経験でもっとも気づいたことは、聖霊（ホーリースピリット）と一緒に考え赦す姿勢をもち続けるというわたし自身の決意の象徴としてあらゆる結果が生じているということでした。たとえば二〇一五年、わたしはアレルギーの症状をいくつか発症しました。あとになって地球温暖化の影響だとわかりました。自然界にあるいくつものアレルゲン、化学物質、その他さまざまな物質への反応だとわかりました。アレルギー症状は声にも現れ、数ヶ月間、話すことも歌うこともできなくなり、思ったことを伝えるには毎回ノートに書かなければならないほどでした。ゲイリーは「きみが声を出せないあいだ、ぼくたちはとても仲よくできたよな」と冗談をいいますが、自分の声を使えないというのはほんとうに変な感覚でした。かすれ声ならなんとか出ましたが、会話をするのはたいへんでした。それからウイルスの影響で鼻炎になり、つねに鼻が詰まった状態でくる日もくる日も鼻をかまなければならず、もう一生治らないのではと思うほどでした！

この時期は、わたしの人生のなかでも辛い時期でした。ちょうど新しいCDのレコーディング中でしたが、中断を余儀なくされ、まさに赦しの機会でした。その状況を違う見方で見ようすると、自分にどんな選択があるのかは明らかでした。その状況に身を任せ、「コース」で教わったことをするしかありませんでした。つまりどんな状況であっても、平穏を保つということです。わたしは平穏を乱さないようつねに最善を尽くしたからこそ、赦しをしなかった場合よりも早く症状が体内を駆け抜けていったと思っています。それから二〇一六年に再び発症しましたが、そのときはずっと軽く、鼻炎が数ヶ月続いただけで、声は問題なく出ました。そして本書を書いている二〇一七年ですが、いまのところ症状は出ていません！人生で起こる出来事は、いずれも赦しによるものです。わたしは結局、マインドに潜む罪悪感を取り除くしかないという結論にいたりました。そうすれば、どんな状況でも平穏を経験できるのだと痛感しました。

思い返せば子供のころにアレルギー注射をして以来、大した症状は出ておらず、そのときのような症状ははじめてでした。けれどもこうした出来事を赦しのために使うと、エゴに基づく考えを取り消す機会となり、長い目で見ればマインドのレベルで有益です。ときには肉体レベルでも症状の緩和という恩恵が受けられます。

とにかく赦しを続けた結果、体調の回復を促す出来事がかたちのレベルで起こるようになりました。ハーブや栄養剤の本がタイミングよく現れたり、ちょうどそのとき癒しについて考えていたことと同じことをテレビで観たり友人から聞いたりしました。まるで夢のなかで赦しの象徴が役立つ情報とともに次々と現れているようでした。マインドから罪悪感が取り除かれると、そういうことが起こりはじめます。マインドにある愛にどんどん触れるため、有益で愛あるものへと自然と導かれます。思考が最初に生まれ、次に結果が現れるので、聖霊（ホーリースピリット）の愛と平和を反映するためにマインドを変えれば、結果はおのずと変わります。イエスが次のように述べたのはそのためです。

> **あなたが最初に天の王国を求めたからこそ、他のすべてが確かにあなたに与えられたのである。**［S-1.I.3:6］

これが神とつながり、神の愛のなかで真のインスピレーションを受け取る方法です。そのあとは得た結果に執着せずにそれを手放す練習をします。それが大事なものとつながるということです。べつの章でこれに伴う「真の祈り」と呼ばれるエクササイズに触れていきます。

真の赦しについては、シリーズのべつの本でさらに掘り下げていこうと思います。いまのところは、なにかに動揺したらこの二つのステップを行えば大きく前進できるでしょう。

ときに肉体が回復しない場合もあります。けれども、それを悪いことだととらえるべきではないと心にとどめておきましょう。自分の判断を手放すこと、自分をとおして聖霊（ホーリースピリット）に正しい判断をしてもらえるようお願いをすること、それらはほんとうに有効です。聖霊が判断するときはいつも、完全で純真で神と一つのほんとうのあなたを見ています。

どんな状況でも赦しの機会だと思って対処すれば、霊的探求の道を前進できます。そもそもこの人の肉体は回復したのに、あの人の肉体は回復していないなどと誰が判断できるというのでしょうか。他者の人生の脚本がなぜそのように演じられているかを正しく判断できる立場にいる人間など、どこにもいません。わたしたちは、それぞれの人生の脚本に書かれていることを演じています。その脚本は、神から分離した瞬間に書かれています。そんな夢にわたしたちを根づかせる代表格が肉体です。わたしたちは肉体に大きな価値を置き、肉体こそがすべての原因だと知覚します。おそらくわたしたちはいま、真に価値あるものとそうでないものの違いを学んでいるのでしょう。「コース」の「信頼を築く」という節で、イエスはこう述べています。

知覚する人が、物事をべつの光で見なければならない立場に置かれない限り、どうして価値の欠如が知覚され得るだろうか。［M-4.I.A.3:4］

ですから、健康上の問題があるときは、自分に優しく根気強くありましょう。それは、ほんとうに価値あるものを学ばなければならないあなたにとって、一つの大きな学びの機会かもしれません。

肉体はそれ自体では聖なるものではありませんが、聖霊（ホーリースピリット）の目的のために使うと、それは聖なる目的に仕えることになります。あなた自身を聖霊に使ってもらい、聖霊の愛を広げることができます。一方、肉体はエゴに仕えると病気になります。病気は、分離した結果というだけでなく、分離そのものです。ある意味、間違った見方をしているとき、わたしたちはみな精神レベルの病気を患っているといえます。病気を患えるのは知覚だけだからです。もちろん病気は、エゴがそれをあらゆるところで見られるように投影したものですが、病気がほんとうに存在している場所はマインドです。エゴは真実に逆らうための防御として病気をつくり出しました。まるでそれは創造主に向かっていい訳がましく「わたしはもうすでに罰を受けて病気になったから大丈夫。あなたの罰は要りません」といっているようなものです。これは狂気です。分離自体が狂気の考えです。ほんとうに正気の人は生まれ変わる必要がありません。なにはともあれ、わたしたちはほんとうの現実を神とともに選び直せることに気づき、自分のマインドを管理することができます。わたしたちのゴールである神とともに、そして聖霊とともに夢を歩むなら、わたしたちは力強く歩むことができます。弱いのはエゴだけです。エゴを信じる必要はありません。エゴはあなたではありません。永遠なるもの、不変なるものに信頼を投じましょう。すると、真の健康に向かって歩むことになります。

こうした考えが怖いという人は、毎日の生活のなかでなるべくこのような考えを応用していくと、それらがあなたの赦す姿勢の一部になっていきます。赦す姿勢が恐れを取り消します。そして、自分が永遠なる霊（スピリット）だと認められるようになります。しばらく生きたら死を迎える生まれもったこの肉体よりも、自分ははるかに力強い存在だと思えるようになります。死はありません。生しかありません。死は病気と同じく、つくられた概念であり、完全に間違ったものです。ほんとうのあなたはいつでも、この先どんなときでも、完全で純真な霊です。この考えを信じましょう。すると解放されます！

第三章　肉体の目的

肉体を癒すことはできない。肉体はそれ自体では病気にならないからである。肉体は癒しを必要としていない。肉体が健康であるか病気であるかは、マインドが肉体をどのように知覚するか、そしてマインドが肉体をどのような目的に使うかということにかかっている。［T-19.Ⅰ.3:1-3］

二〇一六年十二月のある夜、目が覚めるとひどい頭痛でした。ズキズキする片頭痛で、タイレノール（解熱鎮痛剤）を飲もうと思いましたが、痛みが激しかったので薬が効くまで時間がかかると思いました。薬を飲む前、まず聖霊（ホーリースピリット）に助けを求めることを思い出しました。癒しの大天使ラファエルのことも思い浮かべました。わたしにとって天使は、聖霊の愛を象徴する存在でした。わたしは聖霊の目的のために肉体を使えることを思い出し、ただ信じてゆだねました。肉体はコミュニケーションの道具なのだから、自分を使って聖霊の愛を広げられることを思い出していました。そのときは、その手段がどんなかたちを取るのかわかりませんでしたが、とにかくタイレノールを飲んで、もう一度眠ろうと思い、ベッドに横たわりました。痛みがいちばん激しくなっていたとき、美しい飼い猫のルナが首元にきて、わたしの右側に横たわって喉をゴロゴロと鳴らしはじめました。ルナには以前、癒しの力を見せてもらったことがありました。わたしはルナの背中に手を置いて、ルナがゴロゴロと鳴らす振動を感じるよう促された気がしました。そしてなにより自分が、ルナとルナの振動と聖霊と一つになっているところを想像しました。約二分後、ルナは立ち上がり、ベッドの端にいって座りました。わたしはまだタイレノールを飲んだばかりで、二分という時間は薬の効果が出るには十分ではありませんでしたが、なんと頭痛がすっかり治っていました。まったく痛みがなくなっていたのです。わたしが助けを求めて手放し、ガイダンスを待ってからわずか数分のことでした。聖霊の象徴である癒しの天使ラファエルが、手段としてルナを使い、素晴らしいつながりをとおしてわたしに愛を届けてくれたことは明らかでした。

似たようなことは以前にもありましたが、どうしてその夜の癒しがそれほど早く生じたのかはわかりません。ただ、きっとわたしが、ほんとうの自分は霊(スピリット)なのだと自分にいい聞かせ、真にゆだねて手放し信じたからだと思います。聖霊(ホーリースピリット)は、わたしの助けを求める力を強化したかったのだと思います。これはわたしたちが何事も一人では行っていないことを表していると思います。わたしはあの瞬間、なにが起きても大丈夫だと思い、自分の師(ティーチャー)でいることを全面的にやめました。自分の師であることをやめ、聖霊に引き継いでもらうことは、エゴを解体する一つの方法です。なぜなら、エゴが最善のことを知っているという考えからそれぞれが勝手な行動をしたことで、わたしたちはこんなにも混沌とした世界に身を置くようになったからです。わたしが薬という「魔術(マジック)」を使ったことは、なにも悪いことではありませんが、わたしは「魔術」に頼る必要はなかったことを見せてもらえた気がしました。物事を聖霊に引き渡すと、自分が一人ではないことを思い出し、分離の感覚を取り消すことができます。

この話をしたのは、助けを求めることを思い出す力は誰にでもあることをお伝えしたかったからです。聖霊(ホーリースピリット)はそのときのあなたの経験において、もっとも役立つ手段を用います。考え、歌、イメージ、猫、その他あらゆるものを使います。ですから、ぜひ助けを求めて信じてください。癒しがどんなかたちで起こるかということにこだわらず、ただゆだねましょう。こうなるべきだという自分の考えを手放す意志をもっと非常に有効です。

たとえ頭痛が治らなかった場合でも、対処してもらっていると信じ、自分が神の法のもとにいることへ信頼を寄せることが、行うべきほんとうのレッスンです。「コース」ではこう述べています。

わたしの聖性にできないことはなにもない。[W-pI.38]

これは、ほんとうのわたしたちは世界の法則の影響を受ける存在ではないため、世界で救済を探し求めないほうがよいという意味です。イエスは、わたしたちの救済は内側にあると教えています。そして内なる愛を師（ティーチャー）として選ぶと、わたしたちはほんとうに存在するものとつながり、神を思い出すと述べています。

マインドに潜む邪悪な考えを見つけることは避けられませんが、それはそんな考えがあることを判断せずに知り、真実の光のもとへもたらすためにあります。

幻想を見ることなく、幻想から抜けられる人はいない。見られないことで、幻想が守られているからである。[T-11.V.1:1]

わたしたちは自ら幻想を実在させているからこそ、幻想の向こうにある真実を見る前に、まず幻想を見なければなりません。幻想を見るというのは分析することではなく、ただ判断を下さずに見るということです。癒しは、愛の存在を見えなくしている障害を取り除きます。その一環として、愛が入ることを妨げるエゴに基づく考えを、正しい考えに変換します。正しい考えとは、聖霊（ホーリースピリット）と一緒に行う思考のことで、それは愛と平和と純真さに基づいています。

「コース」はさらに次のように述べています。

肉体の苦しみは、ほんとうはなにに苦しんでいるのかを隠すためにマインドがかぶる仮面である。［W-pI.76.5:4］

すなわちエゴは、なにに悩まされているのかを隠す防御のメカニズムとして、肉体と肉体の苦しみを使います。そこには完全性よりも分離を、分かち合われた目的よりも特別性を、光よりも暗闇を、真実よりも幻想を選択したことに対する罪悪感が潜んでいます。わたしたちは、神の愛は不十分だといってそれを押しのけ、押しのけたことに対して激しい罪悪感をもちました。罪悪感は罰を要求するため、わたしたちはその恐れを神と神の愛に投影し、自分たちの罪を罰する神をつくり出しました。でもそんなことは、ほんとうは起こっていません。世界とは、そうした罪悪感の投影であり、わたしたちが神の顔を二度と見なくていいように神から身を隠すための隠れ家です。わたしたちが他者に罪を見出し、彼らの過ちを実在させるのはそのためです。分離の考えや辛い罪悪感の責任を負わなくてすむように、エゴがそのように世界をつくったからです。自分たちを時空の世界に投影することは、その辛い罪悪感を忘れるための賢い方法です。でも、罪悪感は単なる間違いにすぎません。**罪はなく、罪に対する信念だけがあることを忘れないでおきましょう。**

わたしたちは時間がはじまったときから、神からの分離がほんとうに起きたと信じたため、肉体の目的がわからなくなり、エゴの目的のために肉体を使うようになりました。そして、ほんとうの自分がなんなのか、どこからきたのかを忘れました。ただ、愛という源を忘れたかもしれませんが、愛はわたしたちを忘れてはいませんでした。自分の源を忘れると、無意識のなかで恐れが生じます。わたしたちはなにかを恐れると、自分たちを暗闇にとどめる物事に対してより価値を置こうとします。でも、マインドを変えて平和を選ぶことは可能です。理解を超えた真の平和が罪悪感に阻害されることはありません。

それは神に属さないものがあなたに影響力をもつことを否定する。それが否定の適切な使い方である。［T-2.II.1:11-12］

否定の適切な使い方があるように、分離の適切な使い方があります。それは誤りと真実を切り離すことです。

わたしたちのほとんどは、自分が肉体だと信じているため、肉体の経験を否定することは求められていません。ただ肉体の目的を変えることが求められています。とはいっても、世俗的な経験を否定したりせず、普通の生活をして普段どおりでいて構いません。ただこれからは、ガイドである聖霊（ホーリースピリット）とともに生き、恐れの代わりに平和を経験することができます。

肉体は幻想だからといって、せっかく効く薬をやめたり、服薬を拒んだりする人の話をたびたび耳にします。薬をやめて症状がひどくなっているのに服薬を拒む人もいます。肉体が実在しないからといって薬が不要であることを証明しようとしても、エゴの思考体系をより確固なものにして罪悪感を強めるだけです。大事なのは、なにをするにしても罪悪感をもたずに行う練習をすることです。まだ自分は肉体だと信じているのに肉体の経験を否定して、赦しがすべてを一掃すると自分にいい聞かせて物事の不要性を証明しようとしても、大きな混乱を生むだけでしょう。赦しで行うことはマインドを平和な状態に戻すことです。肉体の問題は、なくなる場合もあれば、なくならない場合もありますが、マインドが平和な状態であればどちらであっても構いません。その平和な状態こそがわたしたちのゴールです。

特定の薬が最善の選択ではない場合もあります。そんなときは自分の感覚でだいたいわかると思います。なにが効いてなにが効かないかに気づくことは大事です。わたしは十五歳からひどい不安症になりました。二十代のころさらに悪化し、しょっちゅうパニック発作を起こすようになり、普段は薬に抵抗していたわたしですが、とうとう服薬を受け入れるほどでした。医師はパニック発作の薬のアティバン（抗不安薬）を処方してくれましたが、あれは恐ろしい体験でした！　不安症には多少効きましたが、副作用がひどく、わたしは鬱病のような症状を発症してしまいました。服薬がうまくいかなかった例といえます。わたしは気分が落ち込むばかりか、朝はベッドから出る気がせず、完全な無気力状態に陥りました。特に理由もなく急に泣き出したり、外出がとても恐ろしく感じたり、まさにノイローゼのようでした。そんな状態が二週間ほど続いて耐えられなくなり、アティバンをやめる決心をしました。薬をやめてから、毎日少しずつ物事に向き合えるようになり、症状は軽くなっていきました。そのころ、まだ「コース」をやっていなかったので赦しを実践していませんでした。でも、そんな症状に打ちのめされてなるものかと決意を固くし、あとはただ信じて毎日精一杯すごしていました。わたしを知る人たちは、わたしがもともとポジティブな人間であることを知っています。生まれてこのかたずっとポジティブだったことが、この辛い時期を乗り越える上で役に立ったと思います。ポジティブでいることが、苦しみを解決する答えにはなりませんが、手助けになることは確かです。トラウマになるような経験をしているとき、助けを受けることはとても重要です。愛と理解をもって助けてくれる人たちのそばにいることは、困難な状況を乗り越える上で大きな支えとなります。幸いわたしにはその支えがあり、ほんとうに助かりました。

あのときの経験を振り返って気づいたことがあります。それは、誰にでも暗い時期を乗り越えるための並外れた力があるということです。わたしたちを乗り越えさせるものとはなんでしょうか。わたしたちは心のどこかで真実を知っています。自分が、神が創造されたままの完璧で完全で純真な存在であることを覚えています。それは、なにがあっても自分は守られているという潜在的な感覚です。その記憶を誰もがもっています。その強さがどこからきているのかわからなくても、その強さによって、わたしたちはもっとも辛い時期でさえも乗り越えられます。わたしの場合、具体的になにをしたらよいのかわかっていなくても、とにかく大丈夫だという大きな自信がありました。そのときから、わたしの不安症は浮動性不安のようなものに変わりました。その後、激しい症状も何度か経験しましたが、いまでは赦しを行ってマインドを変えることで、うまく対処できるようになっています。

さまざまなかたちの鬱病や不安症を経験している人は大勢います。しかし、ほんとうの原因は思い出されないよう遮断されたままでいることがほとんどです。たいていは、本人が鬱病やそれに類似した症状を引き起こす原因に気づかないからです。「コース」の「ワークブック」のレッスン四十一では、次のように述べています。

憂鬱な気分は分離の避けられない結果である。不安、心配、深い無力感、惨めさ、苦しみ、失うことに対する強い恐怖なども同じである。[W-pI.41.1:2-3]

「コース」は、悲惨な状況から抜け出す方法があると教えています。わたしたちには内なる光があり、わたしたちはみな真実の内側にいます。内なる真実にアクセスすることによって、分離がもたらすさまざまな悲惨なかたちを信じるマインドを癒します。べつの章では、苦痛の原因である罪悪感や分離した感覚を取り消すエクササイズをいくつかご紹介します。「コース」の思考体系の非二元的性質に沿って、苦しい問題に思えるものはほんとうの問題ではないことにも触れておきましょう。分離そのものが不可能だからです。「コース」が次のように述べているのはそのためです。

神から分離しているという感覚だけが、あなたが真に訂正しなければならない唯一の欠如である。 [T-1.VI.2:1]

分離しているという深く根強い感覚はまず、わたしたちに欠如の感覚を引き起こしました。それは無数のかたちや断片に投影され、欠如と難易度が存在するレベルがあるかのように映し出されます。その結果、あるものがほかのものよりも大きく感じられたり、克服が困難に感じられたりします。わたしたちはみな真実の逆を信じるよう訓練され、そう考えることが習慣になっています。物事をはじめるときに強い不安を覚えたりするのはそのためです。「コース」では、わたしたちは肉体ではないから死は存在しないと述べていますが、わたしたちは世界の法則に従わなければ死にいたると思い込んでいます。自分は肉体だと信じている限り、世界の基本的な法則に従うことが賢明です。でなければ、かたちのレベルでよからぬ結果を招くことになるでしょう。イエスのような真のマスターにならなければ、苦痛を感じずに、絶え間ない完全な平和を経験することはできません。わたしたちがイエスのような経験に達することは可能ですが、そのためにはなによりも内なる平和を手に入れたいと強く願う意志が必要です。とはいってもわたしたちは、すでに内なる平和を経験しているので、そのほんとうの現実に目覚める必要があるだけです。わたしが二十代の経験から学んだことは、わたしの内側にある神の力は、取るに足らない小さなエゴよりもはるかに絶大だということです。わたしたちは、マインドに神が入ることを認める意志さえもてば、癒しへの道を着実に歩むことになります。

不安症だった時期、意味深なある夢を見ました。ベッドで横になり、うとうとしていたのですが、だんだんと自分がベッドのなかに沈んで消えていくような気がしました。まるで、生きることを諦めて死んでいくような感覚でした。視界は真っ暗でしたが、そこは恐ろしい暗闇というよりも穏やかな空間でした。その中央で瞬く光が見えたとき、男性の声がわたしに話しかけてきました。「あなたのハートに神を迎え入れなさい」と聞こえました。それはとても心に残る声で、これからも忘れることはないでしょう。思わず目を開けると、とてつもない平和な感覚が押し寄せてきて、自分はほんとうに守られて愛されているのだと実感しました。同時に、それまで自分に優しくしていなかったこと、愛情を注いでこなかったことに気づかされました。その経験がきっかけとなってわたしはさらに内省するようになり、いまではあの夢とそのあとの気づきは、真実を探求するわたしへの励ましだったと思っています。それから間もなくして「コース」に出会い、「コース」のすべてが心に響き、これが自分の進む道になると確信しました。「コース」に出会ったとき、同じような感覚を経験された人たちを大勢知っています。それは「やっと会えた！　これはすべてを物語っている。全部納得できる！　神が痛みと苦しみに満ちた世界を創造するなんてあり得なかったんだ！」という感覚です。

わたしの不安症の話とも関連しますが、「コース」には「卑小さと偉大さ［T-15.III］」という節があります。わたしたちの多くは、自分が輝きすぎることを恐れ、自分の光を小さく見せたり隠したりします。わたしはまさにそのエキスパートでした。いつも人の気分をよくさせようと自分の光を曇らせていました。「コース」では、そんなふうに自分を小さく見せる行為は、わたしたちにふさわしいものではないといっています。そんな卑小さよりもはるかに偉大な価値がわたしたちにはあるのです！　わたしたちにふさわしい行為とは一貫した努力です。ほんとうのわたしたちの偉大さは人知を越えています。罪悪感の層を取り消していくと、わたしたちの光はますます大きくなり、わたしたちは真実の内側にいるほんとうのわたしたちへと近づいていきます。光はつねにそこにありますが、普段は罪悪感の暗い雲で覆われているため、「コース」では赦しを強調しています。**赦しは確実に罪悪感を取り消します。**

聖霊(ホーリースピリット)が肉体を使う目的

目的の話に戻りましょう。かかわるすべての人々に最善となるよう自分の経験をどのように生かすべきかを明らかにしていきます。「コース」では、肉体には二つの目的しかなく、その一方だけが真に役立つものだと述べています。聖霊(ホーリースピリット)が肉体を使う目的は、コミュニケーションの道具として使うことです。そのように使うなら、どんなときでも肉体は役立ちます。わたしたちをとおして伝えられるものは、聖霊の愛と平和と純真さです。つまりわたしたちは、聖霊の愛を兄弟姉妹に伝える手段になれるのです。それが真に兄弟姉妹とつながる方法です。多くの人々は、肉体のほんとうの機能に困惑しているため、この目的のために肉体を使っていません。肉体の唯一の真の価値は、他者や聖霊とマインドでつながるために使うことにあります。それ以外の価値は肉体にはありません。これが手厳しく聞こえることも、不快感を与えることも承知です。でもそれは、わたしたちが肉体を重要な価値あるものにしておくことに慣れ切っているからです。肉体に価値がないなど、エゴに対する冒とくだからです！　肉体をよく見せ気分をよくさせるために、世界のすべては肉体中心に展開されているといっていいでしょう。「コース」で述べているように、肉体は夢の主人公です。

聖霊（ホーリースピリット）の目的のために肉体を使いはじめると、自他を攻撃するために肉体を使うことはなくなるでしょう。そうした攻撃は無意識の罪悪感の投影で、判断や激しい非難というかたちで現れます。聖霊は、ありのままのあなたしか見ません。他者とつながるなかでほんとうの自分を知るために聖霊を信じて頼るのはそのためです。わたしたちは他者の肉体を見るとき、彼らの肉体に対する自分の解釈しか見ません。それ以外のものには目を向けません。わたしたちは、すべての人やモノに対し、自分のための意味を与えています。他者を見るときも、そのように意味を与えて見ています。だからこそ、自分の考えや、普段他者について思っていることに注意することが非常に大事です。マインドはつながっているので、他者に向けて発したメッセージはなんであれ、自分について思っていることです。「コース」ではそれをわたしたちの「密かな罪と隠された憎しみ［T-31.VIII.9:2］」と呼んでいます。他者に向けて発したメッセージはわたしたちが他者に投影したものですが、密かに自分について思っていることです。他者に投影したはずの自分のマインドにある攻撃の思いによって鬱状態になることもあります。攻撃の思いは分離から生じます。攻撃の思いがあるとき、わたしたちは神の愛から分離して、その結果、なんらかの欠如を経験します。その欠如を訂正するには、エゴの思考体系と聖霊の思考体系を取り替えるしかありません。自分のしていることに気づき、自分が自分になにをしているのか注視しなければなりません。つまり、自らマインドで再生しているお決まりのテープに耳を傾けなければならないということです。そのテープこそがあなたを精神的苦痛に閉じ込めているからです。なにかを奪われたという思いの結果は、罪悪感から派生した無数のかたちで現れます。そこには病気、疾患、不幸、悲しみ、恐れ、心配、不安、鬱状態なども含まれます。

肉体や世界で起きていることにかかわらず、わたしたちに罪はないと知ることはなんとありがたいことでしょう！　病気になったことを悪く思ったり、罪の意識を感じたりすべきでないのはそのためです。肉体はときに病気の症状を見せますが、それはエゴがそのように設定したからです。これからは肉体をべつの見方で見ましょう。肉体がほんとうの自分ではないと覚えておきましょう。肉体がマインドにあるというのなら、肉体に対する考えを変えればよいのです。

エゴが肉体を使う目的

エゴは神からの分離がほんとうであってほしいと望んでいます。そうであれば特別な存在でいられるからです。エゴはエゴの目的のために肉体を使います。肉体は分離を象徴するので、エゴは一体性（ワンネス）というわたしたちの真実に対する防御の一環として、肉体をさまざまな病気にします。エゴにとって肉体は攻撃の手段で、エゴはあなたと肉体を同一視しています。おそらくジャッキー・メイソン（一九三一年、米、ウィスコンシン州生まれ。ラビ、コメディアン）はそうとは知らずに、次のとおり見事にエゴの目的を要約したのでしょう。「問題はもはや健康でいられるかどうかではなく、気に入った病気が見つかるかどうかだ」。肉体はわたしたちのほんとうの現実ではありません。大切なことなので繰り返しますが、病気になったからといって罪の意識をもつべきではありません。脚本はすでに書かれているからです。

わたしたちは旅が終わったところからその旅を振り返って見ているだけで、再びその旅をしていると想像し、すぎ去ったことを心のなかで見直しているにすぎない。[W-pI.158.4:5]

この概念はデジャヴを説明しているといえるでしょう。わたしたちは文字どおり古いテープを再生するかのように、心のなかで自分の人生の脚本を見直しています。それはすでに起きたことです。かつて心のなかでそれを見たのですから、すでに起きたことを垣間見ている感覚があるのは当然です。それなのに、もう一度体験し直しているのです。この概念はすべてが夢であり、しかも終わった夢であることを思い出させてくれるでしょう。

エゴの目的の話に戻ります。わたしたちが他者を攻撃し、それを正当化する理由は、そうすることで自分の求めるものが得られると思っているからです。でも、覚えておきましょう。わたしたちは、自分がほんとうにほしいものをわかっていません。自分にほんとうの喜びをもたらすものをわかっていません。エゴは苦痛と快楽を混同しています。それは誤った結びつけをした結果であり、エゴの思考体系はその混同が土台になっています。エゴはつねに、自己のためになにが最善かをわかっていて、自分がいつも正しいと思っています。まさに狂気です。すべてを知る聖霊（ホーリースピリット）というべつの師（ティーチャー）と学ぶためにマインドを変える以外に、わたしたちはなにが正しく、なにが聖なるものかという判断基準をもち合わせていません。

わたしたちの気づかないところで、エゴは病気に思いを投じます。エゴにとってはそれが、わたしたちが傷つく存在であることを宣言する方法だからです。誰にでも病気になりやすいときはあるでしょう。この地上に完璧な人などいません。でも病気というエゴの道具にだまされて、自分は外側のモノや人に傷つけられたり攻撃されたりし得る存在だと考えてしまわないよう練習をすることはできます。つまり、決心をするということです。どんなかたちの攻撃や病気であっても、それらをべつの目的のために使えることを覚えておきましょう。いかなる方法でもほんとうの自分は傷ついたり攻撃されたりし得ない存在だと思い出すために、それらをべつの光のもとで見る機会だと受けとめましょう。まだこれらが信じられないという人は、マインドの訓練は大きな変化を伴う過程だと思っていてください。そして、その全目的は物事の解釈の仕方を選ぶマインドの力に触れることだと覚えておきましょう。わたしたちに残された自由でもあるこの選ぶ力について、次の章で詳しく述べていきます。

すでに述べたように、赦しを行った結果、肉体が回復しているように見える場合とそうでない場合があります。全体像を見ることができないわたしたちは、なにが最善かを判断できる立場にいません。「コース」では、判断するという選択が内なる平和を失う原因だと述べています。肉体になにが起きていても、自分の判断を手放し、聖霊（ホーリースピリット）に判断をゆだねることが、わたしたちの最善策です。聖霊の判断はつねに同じです。神の目に映るわたしたちは完璧で純真な神の子です。罪は存在しません。わたしたちは天国のわが家を決して去ってはいなかったのですから。

あなたは神の内なるわが家にいながら、そこから追放された夢を見ているが、真の現実に目覚める能力を十分にもっている。 [T-10.I.2:1]

「コース」の学習者としてこうした考えを実践すればするほど、それらがマインドで強化され、他者にも同じように選択するよう促していくことになります。健康とは心を通わせてつながることです。病気は分離です。「コース」のゴールは、世界や肉体で起きていることにかかわらず平穏を経験することです。それが真の力であり、いかなる状況でも内なる平和を選ぶ力といえます。

自分という本質を自覚する妨げとなるものを取り除くことが、健康と幸せに向かう方法です。あらゆる幻想からの解放とは、幻想に対する信念を取り下げ、完全なる真実に思いを投じることです。完全性と一体性(ワンネス)だけが真実であるという、ほんとうの現実の非二元的性質を知ると、その反対に見えるすべては幻想に違いないということになります。

神が創造されたままのあなたでいれば、外見が真実とすり替わったり、健康が病気に代わったりすることはあり得ない。死が生の代わりになることも、恐れが愛の代わりになることもあり得ない。［W-pI.110.3:1］

実際は、病気の夢や健康の夢を見ている、ということが起きているだけです。したがって、すべてが夢だと受け入れると、内なる神の平和を夢で乱されずにすむようになります。この実践は簡単ではありません。わたしたちはエゴを自分のアイデンティティと見なし、そのエゴに思いを投じてきたからです。でもエゴを手放す意志をもち、肉体、世界、物事をべつの見方で見ると決めれば、平和が訪れます。内なる平和は、根気強く実践し意志を保つことから生まれます。

第四章　選択の力　分離と完全性のどちらを選ぶか

あなたはつねに自分の弱さか内なるキリストの強さのどちらかを選んでいる。そしてあなたが選ぶものは、実在するとあなたが考えているものである。［T-31.VIII.2:3-4］

アレルギーとウイルスの症状がいちばんひどかった二〇一五年のはじめのある日、わたしは呼吸困難のような症状に陥り、パニック状態になりました。急いでゲイリーのオフィスへいき、普通に呼吸できないことをパニックになりながら伝えました。ちょうど声が出なくなっていた時期で思うように話せず、自分の状態を伝えるのはたいへんでした。かすれた声で彼に「ドクターに電話して！　呼吸困難だって伝えて！」といった瞬間、なにかに話しかけられた気がしました。自分で思っているほど症状は悪くなく、すべてはマインドで起きているのだから大丈夫だと。確かにわたしの思いが状況を悪化させていました。耳元ではまだパニック状態でしょうとささやく声も聞こえましたが、とにかく普通のことをしようと思い、念のため医師に電話をしてもらいました。医師はアレルギーの典型的な症状だと説明してくれました。でもそうはいっても安心できません。わたしはマインドで自分の症状をありありと実在させていたからです。悪い事態ばかりを想定し、「気絶したらどうするの?」「病院へいくべきだったらどうするの?」「もしAだったら」「もしBだったら」という考えが次から次に生じてきます。パニックの一因は、この「もし〜だったら」という考えです。この考えは世界を実在させます。医師は、呼吸を楽にさせる薬と鼻炎を解消する薬を処方し、まったく心配していない様子でした。

医師との電話を切ってまず気づいたのは、ゲイリーと医師がとても落ち着いていたことでした。二人の態度に助けられ、だんだんと分離が現実ではないことを思い出し、べつの部屋へいきました。気持ちが落ち着くと、選択する力を思い出しました。わたしはエゴと自分を同一視することを選び、自分は傷つく肉体だと思い続けることもできましたし、内なるキリストの強さを選択し、神と神の王国のためだけに警戒することもできたのです。わたしは後者を選び、正しく考えられるようになると、すぐに気分がよくなり、笑うことを思い出しました。なにが起きていても、肉体の自分か霊（スピリット）の自分か、そのどちらでいるのかを選べると気づけた瞬間から、わたしは霊を選んでいました。

トラウマのような体験をしているとき、正しいマインドをもつまわりの人たちの影響がいかに大きいかということをそのとき思い出しました。二人が落ち着いた態度で接してくれたことで、ここで起きていることはほんとうではないと思い出すことができたのです。分離は存在しません。そして、ほんとうの自分はいかなる方法でも傷つきません。こうした考えはマインドのレベルで効果的です。わたしの場合、ゲイリーと医師が普通のことをして、かたちのレベルで有効な対応をしてくれました。もしほんとうに緊急なら、ゲイリーはためらわずに救急車を呼んでいたでしょう。わたしたちは正しいマインドを保ちながら、なお夢のなかで普通のことをすることができます。それが内なる神の強さとともに行うということです。それは決してエゴの弱さから行うことでありません。この経験でそうした考えがより確かなものになり、わたしはなにものにも自分の平和を邪魔させはしないと決意しました。

ここまで述べたなかで明確にしておきたいことがあります。それは、いままでの話のほとんどはマインドにかんする話だということです。人生、肉体、世界をこれまでとは異なる見方でどのように見るかという話をしてきました。「コース」は思考体系とマインドの訓練にかんするものだからです。「コース」の原理を実践すると、必然的にいま見えている人生を新しい見方で見るようになります。もちろん肉体のケアや医師への受診など、普段していることをやめるわけではありません。「コース」に「なにもする必要はない［T-18.VII.5:7］」という文がありますが、よく誤った解釈をされています。肉体にかんしてただ無抵抗で、肉体の経験を否定し、なにかが起こるのを待っていればいいという意味で解釈されていますが、緊急事態の場合、そのアプローチは役に立たないでしょう。「コース」ではその文の先でこう述べています。

なにもしないとは休息することであり、肉体の活動が注目を要求しなくなる場所を、あなたのなかにつくることである。［T-18.VII.7:7-8］

この静かな中心こそが、あなたがなにもしない場所である。そこはあなたとともにあり続け、あなたが任されたあらゆる忙しい活動の真っただ中で、あなたに休息をもたらす。この中心から、肉体を罪のないかたちで使う方法があなたに指示されるからである。［T-18.VII.8:3-4］

あなたがすべきことは、エゴの思考体系を取り消し、赦しを行い、エゴに加担せず、聖霊（ホーリースピリット）に参加することです。この過程は、エゴがあなたのアイデンティティであるという信念を取り下げる上で役立つでしょう。そして行動が恐れではなく、インスピレーションに満ちたところから引き出されるようになるでしょう。

「なにもする必要はない」という文のべつの解釈法は、自分はマインドであり肉体ではないと考えることだといえます。マインドは時空の外側にあります。神の力はマインドに宿り、いつでもアクセスできます。ですから、わたしたちが唯一すべきことは、わたしたちが選べる神の力はすでに内側にあることを受け入れることです。聖霊（ホーリースピリット）に導かれることを認めると、あらゆる行動は、攻撃や激しい非難や判断があるところではなく、インスピレーションと愛に満ちたところから生じるようになります。「コース」がいう「静かな中心」とは、あなたのマインドにあり、混乱の真っただ中でも、混沌とした出来事に圧倒されていても、つねに戻ることができる場所です。

ハリケーンのような大きな嵐を想像してみてください。ハリケーンの目は、その中心にあって穏やかです。うなる雨風と暗い雲で混沌とした状況は、目の外側にしかありません。穏やかな中心の目があなたです。目の外側にあるものがあなたを傷つけることはありません。外側の様子は、あなたが投影した思いを表しているにすぎないからです。その思いは現実ではありません。あなたがそれに力を注いで実在させない限り、それがあなたに影響を及ぼすことはありません。ハリケーンの目である穏やかな中心を、あなたの内側に宿る真実の光だと考えてください。あなたのために判断を下す存在はそこにいます。外側でうず巻く雲をどちらの師（ティーチャー）とともに見るのか、その選択を下す力もそこにあります。分離を物語るエゴか、完全性と一体性（ワンネス）を物語る聖霊（ホーリースピリット）か、あなたはいつでもそのどちらかを選ぶことができます。どちらを師と仰ぐのか、その選択が外側の出来事を解釈する際の土台となります。

外側で見ているものは、あなたの思いの結果であり、あなたの思いを引き起こす原因ではないことを心にとどめておきましょう。外側の世界は、あなたの内なる世界を表した絵のようなものです。あなたはどんなときでも見たいものを見ます。夢はあなたに降りかかっているのではなく、あなたから生まれているからです。一つのマインドが夢を見ています。自分がその一つのマインドだと考えられるようになればなるほど、すべてがうまく組み合わさっていることがわかるでしょう。注意点ですが、**これはあなたが個人的に他者の言動に対して責任を負っているという意味ではありません。**あなたに責任があるのは、あなた自身がすべてをどのように見て解釈をするのかということだけです。言動は思いの結果です。わたしたちは最初に思いを抱き、感じることを感じ、それを行動に移します。行動の裏にある思いに触れる練習をしていくと、選択する力をコントロールできるようになっていきます。それがほんとうの力です。ほんとうの力は、世俗的地位や霊的進歩の度合いによって他者より偉いとか優れているとか、そんなことを物語る見せかけの力ではありません。

「コース」は、わたしたちが理解の範囲を超えて進歩を遂げていると考えることの危険性や、人や物事を正しく判断できると思うことの危険性についても述べています。さらに、恐れの夢を幸せな夢に変える方法を知っていると考えることの危険性にも触れています。わたしたちはつねに聖霊（ホーリースピリット）に任せるよう促されています。実際に「コース」では次のように述べています。

あなたはいくつかの最大な進歩を失敗と判断したり、深刻な後退を成功と評価したりしてきた。 [T-18.V.1:6]

わたしは、これはとても謙虚な姿勢だと思います。

「コース」は、次のように幼い子供のたとえを紹介しています。

幼い子供は、自分が知覚するものを理解しているという認識がないため、その意味を尋ねる。あなたは、自分が知覚しているものを理解していると信じる過ちを犯してはならない。あなたはその意味を見失っているからである。［T-11.VIII.2:2-3］

イエスは、肉眼で見えているものは真実ではないため、わたしたちはその意味を知ることも理解することもできないといっています。わたしたちは、わたしたちを取り囲むすべてを誤って知覚します。その誤った知覚は、分裂したマインドのエゴの部分から生じる投影にすぎません。わたしたちは自分がなにを求め、なにが自分にとって最善かさえ知ることができません。分裂したマインドの結果である、相容れない望みを抱えているからです。真に純真な状態とは、エゴの知覚から解放された状態です。このことについて考えるたびに、子供の純真さを表す次のジョークを思い出します。ある日曜学校の先生が教会へいく途中、子供たちにこう聞きました。「教会ではなぜ静かにしていなければならないと思いますか」。ある頭脳明晰な少女がこう答えました。「それはみんなが寝てるからよ」と。

幸い分裂したマインドにかんしては、聖霊（ホーリースピリット）の素晴らしいツールである赦しを行い、分裂を癒し、完全な状態に戻すことができます。

わたしにとって「コース」の「ワークブック」のレッスンで行うエクササイズは、内省してさまざまな状況に対する自分の反応を知るためのものでした。その際、自分の反応に良し悪しの区別をつけないようにしました。そのような区別はいずれも正しくないからです。エクササイズは以前にもしていましたが、そのときは前にも増してわたしの心に深く響きました。こうした経験は、「コース」の学習者に共通して見られるものです。わたしはエクササイズをとおして自分のマインドが相反する思いや願いでいっぱいになっていることを知りました。ネガティブな自分がいたと思ったら、一分もしないうちにポジティブな自分に変わったり、ネガティブな自分とポジティブな自分をいったりきたりする状態が五分も続いたりすることがよくありました。エゴが混乱し、まわりをも混乱させているのは当然だと痛感しました！　分裂したマインドはつねに二元の状態です。わたしたち全員が聖霊（ホーリースピリット）の声だけを聞きたいと真に求めるまで、その二元の状態は続くでしょう。イエスはこう述べています。

愛だけを求めるとき、あなたはそれ以外のものを見ることはない。［T-12.VII.8:1］

決断する力は、この世界で囚われの身になっているあなたに残された唯一の自由である。あなたは、この世界を正しく見ると決断することができる。［T-12.VII.9:1-2］

わたしたちはつねに、原因にとどまる意志を十分にもち、さまざまな出来事に対する自分の思いや反応に気をつけていなければなりません。そのためにはきちんと取り組む必要があります。わたしの意見としては、この取り組みは他のなによりも神の平和を得るために全力で臨むに値するものです。わたしたちの多くは神の平和を求めていても、努力や必要な実践を怠ります。なにかを赦しの機会だと口にするだけでは、赦しを行ったことにはなりません。ほんとうに赦しの一つひとつのステップを、内なる平和を乱すあらゆる状況や人物や出来事に当てはめて行うことが求められています。

物事を解釈する際にどちらの師(ティーチャー)とともに行うのかという選択をするとき、いかなる状況でも表現には二つのかたちしかないと覚えておくと有効です。二つのかたちとは、愛の表現、もしくは愛を求める呼びかけの表現です。その中間はありません。愛と恐れの二つの感情しかないのはそのためです。愛と恐れの一方だけが真実です。恐れはエゴによってつくり出され、愛は神によってわたしたちに与えられました。神が神ご自身とまったく同じようにわたしたちを創造されたからです。あらゆる恐れは愛を求める呼びかけだと見なす選択をすると、憤る代わりに思いやる立場へと移行しやすくなります。恐れを自分への攻撃と見なす選択をすれば、あなたの経験はその選択を反映したものになります。愛だけを見るとき、あなたの経験は愛に満ちたものになります。他者を彼らの言動のせいで責めたり非難したり、彼らについて愛のない思いを抱いたりしたくなるときは、「わたしはもし自分が同じことをしたら、自分を責めるだろうか［W-pI.134.15:3］」と自問してください。誰かを自分のマインドのなかで囚人としてつなぎとめておくなら、あなたは自分の動揺をその人のせいにして、分離した立場において自分自身を囚われの身にすることになります。わたしたちは同じ一つのマインドを分かち合っているからです。なかなかそのようには理解できないと思いますが、それが真実です。自分が毎回どちらの師（ティーチャー）を選んでいるのか、それは自分がどのように感じ、どのような気分でいるのかでわかります。感情が役立つのはそのためです。知覚は事実ではなく解釈だと覚えておくと、感情は解釈の仕方次第で良くも悪くもなることがわかるでしょう。怒りを感じるとき、あなたは自分の解釈に反応しています。それは、あなた自身が外側の人物や物事に向けて投影したものです。

感情とは

感情はどのように働くのか、果たして感情は重要なのか、という質問をよく受けます。感情は、どちらの師（ティーチャー）を選択したのかを知るために使えるという意味で重要です。悪い感情ならエゴを、穏やかな感情なら聖霊（ホーリースピリット）を選んでいます。感情を表現することは大事ですが、自他に投影せずに表現しなくてはなりません。それにはまず、感情が湧いたときにその感情を否定せずに聖霊と一緒に見ることです。つまり、判断しないで見るということです。わたしたちは自他を判断するとき、マインドの平和を失います。判断する選択がそうさせるからです。自分をとおして聖霊に判断してもらえば、聖霊は正しく判断してくれます。聖霊はあらゆるところで罪のなさしか見ません。自分の感情を誰かに伝えても構いませんが、自分の動揺を人のせいにして攻撃したり責めたりせずに表現することが重要です。自分に起きていることを分かち合うことと、誰かを責めることはべつです。これらについて気をつけていれば、かかわるすべての人にメリットがある状況を自分がつくれることに気づくでしょう。

「コース」には、あらゆる動揺に向き合う際に役立つ次のような文があります。

> わたしは、これを含むすべてがなにを意味しているのか、わかっていない。そのため、それに対してどのように応えるべきなのかも、わかっていない。だから、いま自分を導く光として過去の学びを用いることはしない。[T-14.XI.6:7-9]

分裂したマインドのエゴの部分は、過去の観点からすべてをとらえます。エゴは過去に罪を犯したと思っているので、それを外側に投影し、罪が犯されているという考えをありありと実在させます。これが、この世界のすべてが過去に基づいている理由です。わたしたちは過去に執着します。あらゆる動揺や自他への非難は、エゴが神から分離した瞬間につくり出した、過去の罪と恐れの考えに基づいています。これは、なぜわたしたちが完全な真実を象徴する現在を見ていないのかを説明しています。わたしたちは過去と自分を重ね合わせているので現実を見ません。「コース」における奇跡とは知覚の変化であり、それは真の赦しを行ったときに起こります。真の赦しを行うと、わたしたちは他者を過去の観点から見ることを手放せるようになり、彼らをありのまま見られるようになります。この世界はすでに終わっていて、わたしたちはすでに終わった世界を心のなかで見直しているだけだということを思い出しましょう。わたしたちに唯一必要なのは、訂正を受け入れることです。その訂正はすでにわたしたちのマインドにあります。神が分離に対する答えとして聖霊（ホーリースピリット）をわたしたちに与えたことで、その訂正がわたしたちのマインドに置かれたからです。

「コース」を実践していくと、エゴと聖霊（ホーリースピリット）の違いがわかるようになり、最終的にマインドを平和に保つことがいかに大事かという問題にいき着きます。多くの人が心安らかでいたいといいますが、その方法を知りません。「コース」はその方法を教えています。前の章で述べたように、内なる平和は真の赦しから生まれます。それには日々、正しい考えを実践する強い意志が必要です。でも「コース」に限らず、なにかを習得するには、まず練習が必要ではないでしょうか。準備ができていないのに、光に向けて一直線に突き進むよう求められたりはしていないので、どうか怖がらないでください。「コース」が幸せな夢へと導くのはそのためです。夢からの目覚めはそのあとに起こります。これがこの過程で必要なステップです。

マインドは天の王国に足を踏み入れる前に平和な状態に戻らなければなりません。そうでなければ、マインドは恐怖におののくでしょう。マインドに罪の意識があるうちは、神の王国に足を踏み入れることに対し、気まずさを覚えたり、その準備ができていないと感じたりするはずです。そのよい例を挙げると、たとえばピアノを習いはじめて、今日が最初のレッスンだったとします。そのレッスンの最後に先生がこういったらどうでしょうか。「さあ、今夜、モーツァルトの楽曲でコンサートを開くから、きみも参加して弾きなさい」と。誰でもそんなことをいわれたらパニックになるでしょう。準備ができていないことをよくわかっているからです。準備ができる前に天国の完璧な一体性（ワンネス）の状態である真の現実へと突き出される感じは、まさにそんな感じだといえるのではないでしょうか。ここで述べていることは、最終的な目覚めについてです。べつの肉体に入る前に経験する生と生のあいだの時期のことではありません。唯一実在する神と、神の完璧な一体性へと戻る準備の話をしています。その経験は、無意識にある罪が完全に赦されれば誰にでも訪れます。

生と生のあいだはまだ天国の完璧な一体性（ワンネス）ではありません。イメージを見たり、自分を個の魂（ソウル）ととらえたりしている限り、あなたは分離の夢を経験します。わたしたちはたくさんの異なるイメージ、自然、景色、地理的場所、色、自分から一見離れた存在の他者、といったものを目にしますし、それらは素晴らしい経験です。ですが、「コース」ではこう述べています。

> あなたの時間はすべて、夢を見ることに費やされている。あなたが眠っているときに見る夢と目が覚めているときに見る夢は、かたちが異なっているだけである。それらの内容は同じである。[T-18.II.5:12-14]

そこにはあなたが眠っているあいだ、起きているあいだ、死後の世界、転生するあいだの時期も含まれます。わたしたちはつねに導かれています。けれどもそのような導きが続くのは、この世を完全に超越し、生まれ変わる必要がなくなり、唯一の現実である完璧な一体性（ワンネス）のなかで神と再び一つになるまでのことです。この地上にいながらでも啓示や神との一体性を経験することはできますが、それは夢から目覚めるまでの一時的なものだということです。

誰にでも人生の試練と思える出来事はあるものです。繰り返し起こる場合もあるでしょう。同じなにかにいつも悩まされたり、同じものを何度も赦さなければならなかったり、立て続けに同じ状況に遭遇して赦しがうまくいっていないと感じたりすることはあるでしょう。そんな状況のせいで、直面するすべてを赦すことをやめないでください。「コース」の次の部分を心にとどめておいてください。

試練とは、学び損ねたレッスンがもう一度現れているにすぎない。したがって、以前、誤った選択をしたところで、あなたはいま、よりよい選択ができるゆえ、以前の選択がもたらしたあらゆる苦痛から逃れられるのである。あらゆる困難、苦悩、困惑のなか、キリストはあなたに呼びかけ、優しく語りかける。「わが兄弟よ、もう一度選び直しなさい」と。[T-31.VIII.3:1-2]

これが恐れからマインドを解放する方法です。これを覚えておけば、大きな試練に直面しても無力でいることはなく、正しいマインドを使って正しく見ようと決心することができます。内なる平和はその決意にかかっています。あなたは他のなによりも内なる平和を求めなければなりません。「コース」では、神の平和を求めていると発言することについて、「これらの言葉をいうことにはなんの意味もない。しかし、これらの言葉を心から思うことはすべてに値する［W-pI.185.1:1-2］」と述べています。神の平和がほしいと心から願うとき、あなたは赦しを行うことで、あなた自身が神の平和を示すようになります。どんな瞬間も、あなたはどちらの師（ティーチャー）に耳を傾けているかによって、あなた自身がどちらの師であるかを示しています。これはマインドを使って、肉体か霊（スピリット）のどちらを選ぶかというあなたの選択です。マインドの選択する力に触れるとき、二度と見ている世界の犠牲者にならなくてすむことがわかるでしょう。

イエスは、地上での人生や世界を放棄しなくてはならないとはいっていません。ただ、エゴのレンズをとおして見ている世界に抱いている執着を手放せば、はるかに幸せになれるといっています。皮肉なことに、霊的探求の道を進めば進むほど、世界はいっそう目覚めたくなる夢のように見えてきます。非二元の道は、夢のなかで目覚めるのではなく、夢の外側に目覚めるためのものです。**イエスがいう、世界を手放して無意味なものにするというのは、**

自分が世界に与えた意味を手放して、聖霊（ホーリースピリット）に書き換えてもらうということです。大事なことなので繰り返しますが、これは地上での素晴らしい経験をすべて放棄しなければならないという意味ではありません。ただ真に自分を役立たせるために、べつの目的をもって世界を歩む選択ができるということを述べています。つまりあなたが行うすべてを、あなた自身の目的ではなく、聖霊の目的のために使ってもらうということです。

例として、エゴと聖霊（ホーリースピリット）の一方を選ぶマインドの力を、わたしがどのように使ったかという話をしたいと思います。ゲイリーとわたしが出会った二〇〇六年、わたしたちの年齢差は二十歳でした。ということは、いまも二十歳離れていることになります。なんと年齢差は何年経っても変わらないのです！　ゲイリーと出会った当時、三十五歳だったわたしのことを、実年齢よりかなり若いと思った人たちがいました。わたしはそのたびに褒められた気分でいましたが、どうも彼らはわたしのことを二十二歳程度にしか思っていないようで、わたしたちはほんとうにつき合っているのかと疑わしい目で見られたものです。おそらくわたしが、スピリチュアルなコミュニティで求められるような地味な格好ではなく、流行りの格好をしていたからでしょう。実際に「もっと霊的教師（スピリチュアル・ティーチャー）らしい服を着たほうがいい」といいにきた人たちもいました。わたしはおもしろいなと思い、「霊的（スピリチュアル）な人間が着る服ってどんなのかしら？　ドレスコードみたいなものがあるのかしら？　そんな連絡もらってないんだけど」と思っていました。あとになってわたしの知らない何人かが、あのときは批判してすまなかったと謝りにこられました。でも、彼らがわたしをどう思っているかという理由でわたしが気分を害したことは一度もありませんでした。ただいつも、どんな人でも同じ一つのマインドから投影されたイメージだと思い出し、彼らを罪のない完全な存在として見る機会だと思っていました。彼らをどのように思うかという選択は、わたしの責任でした。まさに「コース」の思考体系を実践する格好の機会でした。

ある日、面識のない男性からEメールが届きました。そこには「あなたがゲイリーのお金目的で彼と結婚したのはわかっている」と書かれてありました。それを読んでまず「どのお金？」と思いました。わたしと夫にとって愉快な瞬間でもありました。もちろんわたしたちは誰かを笑い者にはしてはいません。ただいつも、ベストセラー作家だからお金持ちに違いないという見方について冗談をいっていたのです。必ずしもそうではないからです。わたしたちは不自由なく暮らせていますが、お金持ちではありません。本書を読まれるころには状況が一変し、大金持ちになっているかもしれませんが。もしそうであったとしても、それもまた重要なことではありません。注意すべきことは、彼が判断を下したということです。その判断は、一般的には攻撃と受け取られるものです。わたしは腹を立てる選択をすることもできましたが、幸いなにも起きていないと思い出せるまでに十分に「コース」を実践していました。彼のコメントはまさに愛を求める呼びかけでした。わたしは彼を罪のない完全で完璧な人として見ていました。そして短めに、でも丁寧に返信をしました。「思いを分かち合ってくださって、ありがとうございます。あなたに対するわたしの思いは、あなたの言動によって変わったりしないことをわかっていただけたらと思います。決してあなたのことを神が創造された存在に満たない存在として考えたりはしません。あなたは兄弟です。きっといつかお会いできるでしょう。分かち合いをありがとうございました」。すると彼から短く、「あなたが優しい人であることはわかりました」と返信がありました。わたしは彼の幸運を祈っているというメッセージを返し、その後、彼から連絡がくることはありませんでした。このときわたしは言葉で気持ちを伝えることにしましたが、心のなかで思うだけでも十分でした。ただこのとき、彼の意見によって、わたしの彼に対する思いや、完璧な霊（スピリット）である彼の現実が変わることはないと伝えるよう導かれた気がしました。そしてその結果、わたし自身が完璧な霊であると思い出すことができました。

わたしは、「腹を立てる選択をすることもできた」といいましたが、その場合のわたしの返信はまったく違ったものになっていたでしょう。でもわたしは、わたしにとっていちばん大事な内なる平和を選びました。神に創造されたままのほんとうの自分を思い出せば、他者や物事によって気分を害すことは不可能になります。エゴと自分を同一視していれば、世界の影響を受けざるを得なくなります。でも、ほんとうのわたしたちには防御は必要ありません。攻撃を受ける可能性があるとしたら、それは自ら自分を攻撃すると決めたときだけです。もちろん肉体は攻撃され得るものなので、外傷から自分を守るのは当然です。ですが同時に、第一章で引用した次の言葉を思い出すことができます。「あなたは身体ではない。あなたは愛であり、愛がどこに現れようともそんなことは問題ではない。愛であれば、間違いようがないのだから［YIR P.217］」

このように思考を変化させ、分離ではなく完全性を選ぶことがマインドの健康な状態を育む方法でもあります。**健康とは内なる平和であると覚えておきましょう。**マインドが健全な状態であれば、あなたは幸せを経験します。大事な点なので繰り返しますが、病気を患うことができるのはマインドだけです。だからといって、肉体の病に犯されている人の前で適切な言動をしなくてよいという意味ではありません。その状況でふさわしいのは優しさを示すことです。ただ「コース」の引用を述べたり、病気は真実に対する抵抗なのだから病気であるべきではないなどと説得を試みたりすることが助けにはならないということです。もしあなたが気分が悪くて落ち込んでいるとき、そのようなことをいわれて助かったと思うでしょうか。

誰しもなんらかの病気を患うものです。時間がはじまったときに脚本は書かれているからです。わたしたちはいま、心のなかでべつのレベルからその脚本を見直しているだけです。ですからいま行うことは、目の前にあるものをどのように見るかという選択です。病気になっても罪悪感をもたないでください。罪悪感を抱いても、エゴが必要な栄養をエゴに与えるだけです。病気の人と接するとき、どう接すればよいのかと自分の言動を心配する必要はありません。まずマインドで愛を師（ティーチャー）として選んで、ゆだねていれば、もっとも愛ある言動へと導かれます。病状にかんするあらゆる判断を手放し、人々の完全性だけを知る聖霊（ホーリースピリット）の目による真の知覚をもって、相手を見ることができます。それはハグをしたり、一緒の時間をすごしたり、普通の会話をしたりすることかもしれません。愛はさまざまなかたちを取ります。そして愛に導いてもらうとき、なにをすべきか、どのように振舞うべきかという心配を手放すことができます。

分離ではなく完全性を選ぶことが癒しに直結します。「コース」の補助教材である「祈りの歌」でイエスはこう述べています。

病気と分離は、愛と融合によって癒されなければならない。[S-3.III.5:7]

その節では、人としてすることは、一つの幻想をよりよい幻想に、「病気の夢を健康の夢に」[S-3.II.1:1]取り替えることだと述べています。幻想を癒すために幻想を用いてもあまりうまくいかず、その癒しはたいてい一時的なものになります。「コース」ではそれを偽りの癒しと呼んでいます。偽りの癒しが効果的に見えることや、病状がしばらくよくなることはあるでしょう。「コース」はこう述べています。

でも、原因がまだ残っているため、結果がなくなることはない。その原因とはいまもなお、死を望み、キリストに打ち勝とうとしている思いである。[S-3.II.1:5-6]

その思いは無意識にあるため、これは馬鹿げて聞こえるかもしれません。この考えを真に受け入れられるようになるまでには、霊的(スピリチュアル)な経験と実践が必要です。ほんとうに理解していなければ、馬鹿げた考えに聞こえるものはたくさんあります。わたしたちは、世界が平らではなく丸いという説や月面を歩けるという説も、最初は馬鹿げたものだと思っていました。つまりなんらかの実体験に基づく新たな説が唱えられるまでは馬鹿げているというわけです。先ほどの文章は、特別な個人でいたい、神との現実よりも大きな存在でありたいというエゴの思いを反映しています。それは時空の世界が現れる以前、エゴが神から分離することを選んだとき、エゴがすでにもっていた考えです。わたしたちはいま、個別性や特別性という誤った感覚を取り消すよう求められています。「コース」の目的は真の平和に達するためにエゴを解体することです。真の平和は真に理解することから生じ、真の理解は赦しを行ってエゴを解体することから生まれます。

マインドが目覚めはじめると、以前より開放的であまり判断を下さなくなっている自分に気づくかもしれません。開かれたマインドは「コース」の「教師のためのマニュアル」に書かれてある神の教師がもつべき特徴の一つです。マインドが開いた状態になると、聖霊をマインドに迎え入れることができるようになります。ハリケーンのような大きな嵐のたとえを覚えているでしょうか。開かれたマインドは、もう一度キリストの顔を見られるよう、うず巻く暗い雲を一掃します。実践を続けていくと、以前だったら動揺していた物事に影響を受けなくなっていることに気づくでしょう。マインドはより穏やかになっていきます。あなたは真のヴィジョンとともに見ることと、聖霊（ホーリースピリット）と同じように考えることを身につけていきます。自分を動揺させるすべては、判断を下さずに真のヴィジョンとともに見る練習の機会だととらえると役立つでしょう。ヴィジョンは肉眼とは一切関係がありません。むしろヴィジョンとは、どのように考えるかということだといえます。そしてそれによって、いつでも経験を変えることができます。

静かなマインドは小さな贈り物などではない。［M-20.4:8］

物事の本質に深く入るためにも、自問する過程をはじめていくとよいでしょう。「コース」のもう一つの補助教材である「精神療法（サイコセラピー）：その目的、プロセス、実践」で、イエスは次のように述べています。

癒しは、患者が自ら歌う葬送歌を聞き、その妥当性を問いはじめたときに生じる。彼はそれを聞くまで、自分に対してそれを歌っているのが自分であることを理解できない。それを

まず聞くことが回復の第一歩である。そして、それを疑問に思うことが、彼の選択にならなければならない。［P-2.VI.1:5-8］

ここでは、わたしたちは選択できるということを再び述べています。たいてい誰しもよりよい方法があるはずだと思う経験をしています。そんな経験はたいてい、お手上げの状態になったときに起こります。つまり自分の考えがおかしいと認め、疑問視する意志をもち、よりよい方法を探すために自分のやり方を脇に置いたときに起こります。答えはその過程のなかで姿を現します。

病気や治療法を探すことについて、次の文章だけを信じるなら、目覚めへの道は加速し、あなたの学びは理解を超えて速まるでしょう。そしてあなたは健康であり続け、喜びの光のなかにとどまることになります。

赦しだけが赦そうとしない思いを癒し、赦そうとしない思いだけがあらゆる病気を引き起こすことができる。［P-2.VI.5:5］

第五章　苦痛に対処する力の鍛え方

神が実在するなら、苦痛は存在しない。苦痛が実在するなら、神は存在しない。[W-pI.190.3:3-4]

二〇一七年一月のある朝、わたしは起きてすぐ、一晩前に見たとても象徴的な夢を思い出していました。一人の男性がトランポリンの上で飛び跳ねている夢でしたが、興味深い点は、その男性がより高くより高く飛ぼうとしていて一度もとまらなかったことです。彼の一貫した姿勢が印象的でした。少しでも高く飛べるという考えを捨てずに、もっともっと高く飛ぼうとしていて、彼をとめるものはなにもないといった感じでした。夢のなかのわたしは、彼の持久力に目を見張るばかりでした。目が覚めて起きてから、立ちどまらずに高みを目指すことについて考えました。きっと突き進めば新たな高みと理解に達し、目覚めに先立って認識を深められると信じている自分がいました。ただ諦めてはいけません。歩みの道中、さまざまな障害があるかもしれませんが、それらのせいで立ちどまる必要はありません。飛び続けて新たな高みに到達する、それだけです。つまり、つねにゴールを見据えておくということです。

ゴールにたどり着くまでの一歩一歩がどのようなものになるかを知る必要はありません。それぞれの段階を解明する必要もありません。完璧でなくていいのです。ただほんとうの平和と理解と真のヴィジョンというゴールに意識を集中させていればいいのです。それだけを求めているなら、その決意を象徴する物事が現れるようになります。健康になると決めれば、その決意を反映した物事に遭遇するのと同じです。いつでもマインドで行う決断が最初です。そのあとのことは、必然的に収まるところに収まります。大切なのは特定の結果にこだわらず、その過程を信頼することです。

苦痛とは、精神的な行程であって、肉体的なものではありません。

厳密には赦しに伴い、考え方そのものが苦痛に対処する助けになります。これは人生で直面するあらゆる苦痛にいえることです。したがって苦痛に向き合うとき、あらゆる苦痛は精神的な行程であり肉体的なものではないと考えようとするかもしれませんが、肉体に激しい痛みを感じているときにそう考えようとしても簡単ではないでしょう。ただ、少しのあいだその考えを胸に抱くことは、感じ方をコントロールする上で役立つでしょう。苦痛が精神的な行程であり肉体的なものではないのなら、前の章で述べたとおり、それをどのように知覚するかというマインドの選択する力を使うことができます。

「コース」を学ぶ多くの人々がレベルを混同します。世界と肉体は幻想だという考えは、肉体をないがしろにしていいという意味ではありません。激しい痛みを感じるなら、服薬など痛みを和らげることをするのが愛のある行為です。マインドで真実を知り、それに従うと同時に罪悪感をもたず、自分が導かれたと思えることをすればいいのです。

痛みは苦しみと等しくある必要はないという考えも役立つかもしれません。いい換えると、痛みは肉体で感じるかもしれませんが、苦しみは選択だということです。苦しむ選択をする必要はないのです。そう考えることで自分の力を取り戻し、自分は肉体にかんして無力ではないという思いを強めることができます。その思いには、肉体そのものに力があるのではないという態度が伴います。肉体は結果であって、原因ではないからです。痛みや苦しみの原因がマインドにあるなら、痛みをべつの見方で見る練習をすることで、マインドの筋肉を鍛えることができます。その第一歩として、次にあるような「コース」の赦しのエクササイズをはじめてみるとよいでしょう。

罪悪感のないマインドが苦しむことはできない。 [T-5.V.5:1]

わたしは神が創造されたままのわたしである。神の子が苦しむことはあり得ない。そして、わたしは神の子である。 [T-31.VIII.5:2-4] [W-pI.110.6:2-4]

これらの文章は、服薬など普段していることやかたちを助けることをすべきでないといっているのではありません。医師のアドバイスが心から不快に感じる場合はべつですが、これは医師のアドバイスを放棄するためのものではありません。わたしたちのほとんどが、癒しを促すために「コース」がいうところの「魔術（マジック）」を必要とします。なぜならわたしたちのマインドが、肉体である自分たちを癒すといわれている外側の手段を必要だと思い込んでいるからです。ときには複数のアプローチを組み合わせ、恐れることなくマインドが癒されるように促すことも有効です。マインドのワークをしながら服薬することが大きな効果を見せる場合もあるでしょう。たとえ服薬しているあいだでも、癒しの原因は肉体ではないことを理解して行動していれば、真実を思い出しやすくなります。直感で服薬は不要だと思い、ほんとうにそうインスピレーションを受けたと感じるなら、それを信頼して大丈夫でしょう。一般的になにが自分にとってよいのかは、それについて自分がどう感じているかでわかります。肉体の痛みに対処する唯一の正しい方法などというものはないため、どんなときでも自分の思いに向き合い、赦しを行うことが望ましいです。そしてそれだけで効果が出るなら素晴らしいですし、複数のアプローチを組み合わせたほうが効果があると感じるなら、それでまったく構いません。大切なのは、あなたがすべてをどのように考えているかということです。

この章ではあえて、わたしたちがいまいるところと信じてやまない肉体レベルで役立つものを中心に見ていきます。「コース」の目的は肉体の経験を否定することではなく、肉体でなにが起きていても内なる平和と神の恵みとともに人生を歩むようわたしたちを促すことです。わたしたちはそのように生きると同時に、肉体はマインドの考えにしか応じないことを覚えておけばいいのです。はじめて「コース」の次の文を読んだとき、わたしは愕然としました。

肉体は、わたしたちの外側にあり、わたしたちが懸念する対象ではない。［W-pI.72.9:2］

これは、なにかをする上でイエスがどれほど肉体を信じていないのかを表しています。わたしはこの文からインスピレーションを受け取りました！　この文の意味をよく考えて、何度か自分にいってみてください。肉体はそれだけでは無であり、なにもしないと述べています。肉体はマインドが投影したもので実在しないからです。実際、イエスは次のようにも述べました。

いかなる瞬間においても、肉体はまったく存在しない。［T-18.VII.3:1］

はじめは信じがたく不愉快に思うかもしれません。この世界での経験がこれとはべつのことを告げているからです。わたしたちには五感があり、見て、触れ、味わい、聞き、匂うことができます。エゴは、まるでわたしたちがその五つだけをする存在であるかのように、五感を使って己を守ります。でもわたしたちという存在は、五感などで制限されてはいません。むしろ五感を超越したはるかに大きな存在で、可能性にあふれた無限の存在です。

肉体が存在しないことを示すこのような文は、わたしたちが信じているあらゆる思い込みを無効にします。もちろん最初は脅かされているように感じるかもしれません。でもわたしたちは、マインドのどこかでそれが真実だと知っています。自分たちが見て経験しているものが、ほんとうは実在しないことを知っています。そしてそれがなにより恐ろしくもあります。痛みに対処するとき、自分という存在が肉体によって定義されるわけではないことを思い出すためにこうした文を用いれば、たいへん役立つでしょう。ほんとうのわたしたちは肉体ではないからです。肉体はただのイメージにすぎません。

あらゆる苦痛や病気は、マインドに潜む無意識の罪悪感から生じます。風邪でも癌でも同じです。それらは分裂したマインドのエゴの部分から生じます。そのエゴの部分が、時間がはじまったときにさまざまなかたちをした病気を脚本に書いたのです。もし自分の脚本の苦痛に満ちた部分を心のなかで見直していると気づいたなら、自分を非難する代わりに自分に忍耐強く、そして自分に優しくあるよう心がけ、赦しを行うことから離れないでいるようにしましょう。第二章で述べた二つのステップに従ってみてください。**赦しは内なる平和に導き、苦痛を生み出しているエゴを徐々に解体します。**さまざまな経験をとおし、あなたの師（ティーチャー）である聖霊（ホーリースピリット）とともに脚本を見直す練習ができるでしょう。

笑いを忘れずにいることも自分の霊（スピリット）の明るさを思い出す上では欠かせません。ここで一つジョークをご紹介しましょう。ハリウッドの仲間たちは気に入ってくれると思いますが、このジョークがある人々にとって赦しの機会とならないことを願っています。というのも以前、意図せずそうなってしまったことがあったので。

ある中年女性が心臓発作で病院に運ばれました。手術台の上で臨死体験をした彼女は、目の前の神に「これが寿命なの？」と聞きました。神は「いいや、まだあと四十年と二ヶ月と八日ある」と答えました。彼女は回復中、入院期間を延ばして、顔のシワ取りと腹部の脂肪吸引と余った皮膚を取る整形手術をしました。それから人に頼んで髪も綺麗に染めました。まだまだこれから長生きするのだから、この際、入院期間を思いっきり利用しようという魂胆でした。最後の手術が終わって退院した彼女は、家路の途中で通りを渡ろうとしてなんと車に轢かれて即死してしまいました。再び目の前に現れた神に、彼女はこう聞きました。「あと四十年あるっていってたのに、どうして助けてくれなかったの？」。神はいいました。

「きみだと気づかなかったんだよ」

わたしたちが住む世界では、完璧な肉体をもつことがよいことだとされています。肉体の健康と霊的（スピリチュアル）な状態を同一視する人もいます。でも完璧な肉体をもつことが解決策ではありません。大切なのは、肉体を含め物事に対してどのように応じるかということです。世界と肉体はつねに変化します。そして肉体はいずれ滅びます。真の現実に基づいて永続しないものは、どんなものでも崩壊します。それでもあなたは決して変化しない内なる平和に触れる方法を習得することができます。

肉体に問題があるときは常識的なことをしましょう。最善を尽くして肉体を労りましょう。**一日を焦らず、一つひとつの思いにゆっくりと向き合いましょう。**思いにふけっているときは、その思いに注意して、恐れの考えでコントロールを失わないよう注意してください。真実を思い出し、自分は肉体ではなく、完全で純真で完璧な霊（スピリット）だと繰り返し自分にいい聞かせてみるのもよいでしょう。神が創造したものはすべて、神ご自身とまったく同じです。神はあなたを完璧に創造されました。

神がそのように創造されたわたしたちの純真さや完璧さを知るためにエゴに逆らうことを選択できるよう、まずエゴがどのように働くかを理解しなければなりません。これは苦痛に対処する力を鍛える一つの方法です。問題はエゴが苦痛を好むことです。エゴが苦痛を好む理由は、苦痛はエゴにとって神から離れて存在していることを証明する一手段だからです。苦痛が現れているとき、神は存在しません。もちろんわたしたちはそれに気づきません。苦痛は神からの分離を選んだマインドの罪悪感から生じ、その原因を外側へとエゴに配置させ、わたしたちを無力の状態にします。わたしたちのほとんどはエゴと自分を同一視しているため、神にお仕置きをされないよう自ら自分を罰して苦しむことが当然だと思い込んでいます。もちろんそんな考えは馬鹿げています。なぜなら神は完璧な愛であり、神ご自身と同じではない存在を知らないからです。愛はただ愛のまま存在します。

わたしたちは苦痛についてエゴと一緒に考えるので傷つきます。「いったい肉体が自分とどう関係しているのか？」という態度でいたとしても、肉体の痛みを感じることはもちろんあります。でも肉体と自分は関係ないという考えは、自分と肉体を労るためにできることをしながらでもマインドで実践できますし、その行いは、自分は肉体ではないという考えとは矛盾しません。むしろ普通の生活をしながら物事に対する健康的な態度と見方を育ませます。せっかく選択できるなら、肉体に起こっていることにかかわらず、自分の完全性を思い出す選択をしたほうがずっとよいのではないでしょうか。そうすればわたしたちは真に解放されます。

苦痛は幻想の一形態にすぎず、いかなるかたちにおいても特別なものではありません。「コース」は幻想には序列がないと述べています。これはある幻想が他の幻想よりも難しいとか大きいとか、より重要だとかより特別だとか、そのような序列はないという意味です。わたしたちが世界と呼ぶこの夢は、一つの巨大な幻想だからです。大事な点は、人生を見直す際にエゴと聖霊（ホーリースピリット）のどちらを師（ティーチャー）と仰いて見直すかということです。

肉体のケアに疲れたり打ちのめされたりしたときは、それを深刻に受けとめすぎないよう心がけてください。これは肉体をないがしろにすべきとか、肉体に役立つことはしなくてよいとか、そのようなことをいっているのではなく、マインドで保つ態度について述べています。とはいっても深刻に受けとめるなといわれても、エゴにとっては冒とくに聞こえるかもしれません。だからこそ、エゴの声には耳を傾けないようにしましょう。エゴはなにもわかっていないのです。エゴや知覚の世界には真の知はありません。より深い理解と内なる平和を妨げる障害物として苦痛を用いないようにしましょう。罪悪感と病気は同じ一つのものです。そしてそこから解放されるために、「コース」では次のように述べています。

肉体は取るに足らないという考えが、受け入れられるものにならなければならない。

[M-5.II.3:12]

わたしたちはこの考えの反対を信じるよう、つまり肉体は神聖で特別で重要だと信じるよう自分たちを訓練してきたため、この考えを受け入れるには日々実践しなくてはなりません。苦痛に打ちのめされたときにこうした癒しの考えを実践するということは、あなたの純真さを示す次の言葉を繰り返し唱えることかもしれません。「わたしには苦痛は必要ない」「肉体の真の目的を思い出させてください」「聖霊よ、わたしが純真で完全な存在だという真実を、わたしが思い出せるように助けてください」

わたしたちはこの世での人生こそが現実だと思っています。でも実在する生命（いのち）には死がなく、幾度もの生まれ変わりがあるだけというのが真実です。わたしたちは一見そうした経験をしてはいますが、それらもまだ幻想の一部です。実在する生命は永遠なので変化しません。実在する生命は天国で神とともにあります。天国とは完璧な一体性（ワンネス）の意識です。つまり実在する生命とは神との完璧な一体性です。

おそらく苦痛をまったく感じていないときは、こうしたことを考えるのは楽でしょう。たいへんなのは暗闇にいるときに光を見ることです。でもそんな辛いときこそ、聖霊（ホーリースピリット）にゆだねれば適切に対処されるという信頼を育むチャンスであり、そのようにとらえればその辛い時期は癒しの過程において役立つものとなります。そう信じて大丈夫です。もしわたしたちの人生がすべて順調で完璧でなんの試練もなく、あらゆることがすっかり赦されているとしたら、わたしたちは「コース」でいうところの「実在する世界」にいることになります。そこでは絶えず真の平和を経験します。それは可能で起こり得ることですが、わたしたちのほとんどはまだそこに到達していません。ですから人生で直面する障害は、幸いにもわたしたちを内側に向かわせ、外側ではなく内側で答えを探そうと思わせてくれるという意味において神の恵みといえます。この考え方は、肉体の痛みや病気の目的を変える上でも役立ちます。たとえばいままでのようにそれらをエゴの見方で見るのではなく、聖霊の目的のために使ってもらおうという見方で見れば、おのずと目的は変わってきます。次の章では、分離の象徴である苦痛を霊（スピリット）の本質である喜びに変える精神的行程について話します。

苦痛について考えるとき、これまで経験した困難や辛い経験について考えてみるのも一つの方法です。あなたも辛い経験をされてきたのではないでしょうか。いま本書のこのページを読んでいるなら、ここへいたるまで困難な時期を経てきたはずです。ときには「どうやってここまできたのだろう」と思うこともあるでしょう。わたしも不安症だった二十代を振り返ってそうつぶやいたことがあります。わたしたちのマインドには、聖霊（ホーリースピリット）と触れ合っている部分があります。それがキリストのマインドであり、完全な存在であるほんとうの自分を知っている場所です。前に進む強さをわたしたちにもたらしているのはその部分です。そこはあなたの一部なので、あなたはいつでもそこに頼ることができます。あなたはその部分にある内なる強さと神の叡智から離れてはいません。マインドのその部分こそ、あなたが真に頼れるものです。そこは、いちばん必要なときに必ず安らぎをもたらしてくれます。神はわたしたちを慰めのない状態で置き去りにはしませんでした。マインドの正しい部分に宿る神を代弁する声として、慰め手とも称される聖霊が、わたしたちにもたらされているのはそのためです。**聖霊を選ぶことが神を思い出すことです。**ばらばらになった神の子たちと神のあいだには、コミュニケーションを取るためのつながりがまだ残っています。どんなときでも聖霊を師（ティーチャー）に選ぶと、真の安らぎを得られる聖なる瞬間を経験します。ここでわたしが作曲した曲の歌詞をみなさんと分かち合いたいと思います。これは、偉大な慰め手である聖霊をテーマにつくった『Awakening to Love（愛に目覚める）』というCDに収録されている「The Comforter（慰めをもたらす存在）」という曲です。どうかこの詩に深く浸ってみてください。そして聖霊がいつも一緒であることを忘れないでください。

The Comforter

月のはるかかなた　星のはるかかなた
愛に満ちるハートの美をとおり越え
わたしはいつもあなたと一緒です
わたしがあなたの目をとおして見るヴィジョンになりましょう

秋雨の静けさのなかで
わたしがあなたの疲れた毎日を洗い流しましょう
朝日が登るとき
わたしがあなたの涙を乾かす温もりになりましょう

あなたが孤独を感じる静かな夢のなかで
わたしがあなたをわが家へ呼び戻す優しい声になりましょう
あなたが旅の終わりへと目覚めるとき
あなたに手を差し出すので…さあ、わたしのこの手を取ってくださいあなたが選べば、いつでもマインドの静かな部分に戻ることができます。その静かな場所は、あなたの自覚の有無に関係なくいつも同じ場所にあります。あなたは、愛にあふれた永続するその場所を完全に信じて頼ることができます。心理的もしくは肉体的な激しい痛みのさなかでもマインドを訓練し、肉体や精神の病気というかたちで現れた癒されていないマインドの夢をたったいま見ていることが痛みの原因だと気づけます。そのようにして赦しの最初のステップに戻ることを思い出せるようになっていきます。自分が病気であることに思いを投じることを手放せるよう、レッスンは肉体的なかたちで訪れるかもしれません。自分が病気に思いを投じているとは思えないかもしれませんが、注意してマインドを探ると、わたしたちの思いのほとんどは病を軸に形成され、そんな思いはたいていなんらかの恐れを表していることがわかります。つまり、恐れに思いを投じているということです。わたしたちは、思考がマインドの恐れではなく愛を反映するよう、優しく注意を内側に向け、積極的にべつの思いを選んでいかなければなりません。**わたしたちはあまりにも長い時間を外側の世界で費やしてきたので、これからより多くの時間を内側の世界に費やしていくことが賢明です。**

マインドのレベルについて多く話してきましたが、肉体レベルで自分を大事にする方法をいくつかご紹介しましょう。きっと幸福感を得られるでしょう。予防ケアが大切と思われている方には、健康的な生活を維持するためにも有効と思っていただけるかと思います。マインドのレベルで苦痛に対処する力を鍛えるさらなる方法については、第六章にあるエクササイズをお勧めします。すでに述べたように、わたしたちは自分たちが肉体だと信じています。だからこそ肉体レベルでエゴをリラックスさせ、エゴの耳障りな叫び声を静めるための次のような方法があります。

1. マッサージ

マッサージはエゴをリラックスさせる素晴らしい方法です。もちろん筋肉がリラックスすれば、緊張やストレスは徐々になくなります。肉体のどこかに痛みがある場合は、痛みがない部分をマッサージしてもらうと効果的です。たとえば足、手、頭皮、心臓、腹部、耳など、よく見すごされる部分をマッサージしてもらうと効果的です。これらの部分を自分でマッサージしても構いません。たくさんの神経がさまざまな臓器とつながっているため、これらの部分、特に足や頭皮や耳をマッサージすると、暖かく感じられて幸せな気分になるでしょう。わたしはマッサージの素晴らしい効果をよく知っているので、少なくとも月に一度はマッサージを受けます。マッサージは気を緩ませてくれるので、より心が開き、聖霊（ホーリースピリット）のガイダンスを受け入れやすくなります。

2. 自然のなかですごす

お金をかけずに気分をなごませ、なおかつ実用的といえる方法は、自然のなかで時間をすごすことです。特に森林や山での深呼吸は効果的です。自然の音が自分の一部になるよう、自然の音と一体になったと感じられるまで耳を澄ませてください。まるで自分が音と一つになって振動しているかのように、全身で自然の音の振動を感じ取ってください。深い安らぎの感覚が押し寄せるまでそこにいましょう。これはわたしが猫の喉の振動を全身で感じようとするときと似ています。ほんとうに癒されます。音による癒しはすでに広まりつつありますが、まだ一般的に浸透しているとはいえません。サウンドヒーリングはこれからのヒーリングといえるでしょう。

3. 芝生や草の上を裸足で歩く

気分を爽快にさせて癒しをもたらすもう一つの方法は、芝生や草の上を裸足で歩くことです。足で地面を感じ、自然の生のエネルギーが足から頭の先まで駆け巡るところを想像してみましょう。このとき聖霊（ホーリースピリット）の癒しの白い光に包まれている自分を想像し、地面深くに根を下ろした軸のような感覚を感じ取ってください。聖霊の光があなたの一部になるまで想像してみましょう。それから心のなかで「わたしは世界の光である［W-pI.61.5:3］」と繰り返し唱えてみてください。安らぎの感覚が押し寄せるまで、ゆっくりとそこですごしましょう。

4．電解質（イオン）を含む水をたくさん飲む

ココナッツウォーターのような電解質を含む水をたくさん飲むようにしましょう。もちろん医師による食事制限のある方は注意してください。わたしの個人的な経験ですが、ココナッツウォーターなどの電解質を含んだ飲料水を飲みはじめたころ、それまで頻繁にあった頭痛がなくなりました。そのころ健康になると決めたので、その決意がわたしに役立つかたちとなって現れたと信じています。

5．ゴールに向かって少しずつ進む

目標とするゴールがある場合、少しずつ小さな歩みを重ねて進みましょう。一度にたくさんのことをする必要はありません。たとえばわたしは本書を書く際、最初に全部の構成と各章の内容を決めてから書くという方法は取りませんでした。代わりに一つの章だけに集中して書き進めるようにしたら、その先の仕事量に圧倒されずにすみました。もう一つ例を挙げると、ダイエットをする場合は、毎日行う小さなことに意識を向けるとよいでしょう。たとえば食事で一工夫したら、次の日は運動を加え、その翌日は好きなものを少量食べるなど、ゴールに向けて毎日なにか一つやってみようという心構えでいれば圧倒されずにすみます。大事な点は一歩一歩進むことです。一貫して続けるとその小さな歩みが勢いを生みます。また複数のアプローチを組み合わせることは何事にも効果的です。たとえばどれか一つの食品を摂らないと決め、べつの食品は摂る回数を減らし、そこに運動を一つ加えるといった方法です。こうした方法であれば、極端なことをしたり喪失感に陥ったりする可能性が少なくなります。毎日の実践と集中力と規律によってきっと達成できるでしょう！

あらゆる依存症は、己を築いてその正当性を証明するというエゴの必要性から生じます。わたしたちはみなエゴに依存しています。そうでなければ、ここにはいません。**わたしたちはマインドの思いを一つひとつ変える取り組みと同様に、毎日の生活のなかで改善したい依存の一つひとつにも取り組むことができます。**赦しを行っていくと、マインドの愛を反映した行動を取るためのインスピレーションが与えられるでしょう。なにかをするとき、正しい方法や間違った方法などというものはありません。ですから、ただ罪悪感をもたずに行ってみましょう。

6. 苦痛に対する考えを変える方法

1. 苦痛はマインドにあるのだから、苦痛に対する考えを変えられることを思い出す、というゴールから目をそらさないようにしましょう。聖霊(ホーリースピリット)を思い浮かべたら、聖霊の光が押し寄せ、その光と一つになるところを想像しましょう。聖霊が罪に対するあらゆる信念からあなたを解き放つところを想像してみましょう。聖霊の光は、途切れることなく無限にあなたのなかを流れています。安らいだ感覚になるまで想像し続けてください。

2. 特定の結果を望む思いを手放しましょう。

3. 神の光のもとですべてが対処されています。その光のもとにいるあなたは安全で完全な存在です。そう信じる以外にすべきことはありません。

これらはすべて提案であり、すでに述べた精神的な取り組みと併せて行うとよいものです。わたしの場合、健康や幸せの象徴として赦しから得たインスピレーションは、自然の生命力に満ちた植物中心の食事に変えることでした。食事を変えてから気分や心の状態が以前よりも回復しました。わたしは普段の食事にワイルドブルーベリー、生のフルーツジュース、生のセロリジュース、ケール、パクチー、薬物野菜、りんご、デーツ、全粒穀物を加えました。これらは、肉体レベルでわたしが健康や幸福感の維持に役立つと思ったものの一例です。一般的にも活力を与える食品といわれているので、ここで分かち合おうと思いました。それから小麦粉と乳製品をなるべく控えるようにしてから、健康面で大きな変化を感じました。これらを習慣にするには自制心が必要ですが、習慣にできるかどうかは幸福感の維持をどれほど重要と思っているかにもよるでしょう。それは、同時に赦しを行っているか否かで明らかになることでもあります。実際赦しを行うと、健康になりたいという思いを象徴するありとあらゆるものに導かれます。先に述べた提案は、わたしの決意を反映した例にすぎません。それらが健康を引き起こすものでないことはわかっています。単にわたしの選択を象徴したものなので、あなたの心に響くこともあれば響かないこともあるでしょう。いかなるときもみな心から役立つと思えることをすべきです。

ほんとうは、健康であるために栄養学の法則に従う必要はないことも指摘しておきたいと思います。けれども自分が肉体だと思っている限り、肉体の経験を否定したところでよいことはあまりないことも述べておきましょう。

健康のための食事療法にかんしては、アンソニー・ウィリアムスの著書『Medical Medium』（未邦訳）をお勧めします。その本ではわたしが述べた提案のほかにもさまざまな病気にかんする情報と、自然食やハーブを使った治療法が紹介されています。いずれもそれらはすべて、健康になるという決意の象徴です。その本の情報は著者自身が霊媒となってチャネリングしたもので、霊（スピリット）から生じている情報です。霊媒などいかがわしいと思われる方もいらっしゃるでしょうが、わたしは彼が勧める食品をいくつか試して効果的だったと正直にお伝えできます。彼の『Life-changing Foods』（未邦訳）という本も、素晴らしいレシピやさまざまなジュースを紹介していてお勧めです。

最終的には、この世界でなにを選んでいるかにかかわらず、自分は一切の罪をもたない存在であることを理解すべきです。そしていちばん大切なのは、なにをするにしても罪の意識をもたずにするということです。ケーキがあったら罪悪感をもたずに食べてみてください。わたしはいつも、どうせ食べなくてはならないのだから楽しんで食べようと思っています！罪悪感をもちながらではなく、喜んで食べたほうがずっと健康的です。罪の意識を感じながら食べるということは、エゴと一緒に食べているということです。エゴはそのようにして己の存在を確認しなければなりません。それが過食や過剰なアルコール摂取など、なにかを極端に行う一般的な依存症の原因です。エゴは外側の物質に救いを求め、それが喜びをもたらすと考えています。心の救いと外側にあるものにはなんの関係もありません。真の救いとは、わたしたちの意志が神の意志と一つであることを理解することです。わたしたちはすでに神の愛に満たされ、全員が一つであり、神のたった一つの子として真に豊かな存在であると理解することが真の救いとなります。その真実の理解がそのままわたしたちの経験となるよう、この過程にはエゴの思考体系の取り消しが組み込まれています。

7. 喜びのエクササイズ（依存症に有効）

依存症に取り組む際は、大きな喜び、神とつながった感覚、深い安らぎをもたらすよい記憶を思い出すようにしましょう。原因と見なしている出来事に対する執着を手放し、喜びを心にとどめましょう。その喜びを感じ、その感覚から力をもらいましょう。自分の無限の可能性にできないものはないという心構えをもって、押し寄せてくる喜びを感じましょう！その感覚が、外側の物事や物質は喜びや安らぎをもたらすものではないと思い出させてくれます。依存症に導いたマインドの師（ティーチャー）（エゴ）を手放し、癒しの師（ホーリースピリット）（聖霊）を選ぶ練習をしましょう。これはすべて内側で行うことです。あなたはたゆまぬ努力に値する存在です！　そう確信できればうまくいくでしょう！

わたしたちの思考はとても強力です。あらゆる思考はなんらかのかたちで結果をもたらします。なにをするにしても喜びとともに行えば、内なる幸せに貢献します。この世界のすべては、マインドに潜む分離した思いの象徴です。地上での経験をその分離の強化のために使う必要はありません。わたしたちの機能は、肉眼で見たものをどのように解釈するかということに尽きます。どのような解釈をしたかということが、そのままわたしたちの経験になります。つまり、いかなるときもわたしたちが原因です。見ている世界の原因はわたしたちにあります。これは他者の言動の責任も自分にあるという意味ではありません。わたしたちの責任は、他者の言動をどう解釈し、それについてどう考えるかを選択することです。これは肉体のケアについて述べたことと同じです。肉体をエゴで解釈するなら、わたしたちはつねに攻撃、非難、判断というかたちで肉体を使い、なんらかの分離を経験することになります。でも肉体が聖霊(ホーリースピリット)によって解釈されると、わたしたちは聖霊の愛と叡智と理解と慈悲を通過させるコミュニケーションの道具として肉体を使うようになります。そのように使うことで、聖霊の愛や叡智や理解や慈悲をキリストの兄弟姉妹たちに届けることができます。

この章は「コース」の次の引用と、それにかんするわたしの考えで締めたいと思います。

癒しは、苦しんでいる人が苦痛に一切の価値を見出さなくなった瞬間に達成される。苦し

みが自分になにかをもたらし、しかもそれが自分にとって価値あるものだと考えていない限り、誰が苦しむことを選ぶだろうか。[M-5.I.1:1-2]

それが無意識で起きていることだとしても、わたしたちは確かに苦痛に価値を見出しています。苦痛は、わたしたちが神から分離して肉体として生きていることを告げるからです。わたしたちは決断する者として、肉体に力を与える方法で世界を知覚しているため、癒しに対しては抵抗心を抱くのです。「コース」がわたしたちの価値観をすべて疑問視するよう呼びかけているのはそのためです。「コース」では思考を逆転させ、エゴとともに選んだ誤った選択を取り消すことを学びます。価値を見出している肉体に疑問を投げかけるので、エゴにとっては脅威です。でもあふれる愛と優しさによって、真にアイデンティティと呼べるものをもう一度選び直せるようになります。わたしたちはほんとうに神と一体で永遠で自由な存在なのでしょうか。それともわたしたちは肉体で、神から分離し、自らの考えによって囚われの身でいるのでしょうか。この選択は、わたしたちを夢に根づかせる無価値なものや害を及ぼすものを手放せば、楽にできるようになるでしょう。

第六章　健康な精神を得る実践法

神の平和とはなにか。それは神の意志には対極となるものはないという単純な理解にすぎない。神の意志と矛盾していながら、なお真実である思いなどというものは存在しない。［M-20.6:1-3］

健康とは内なる平和であることをいま一度思い出しましょう。わたしたちの霊（スピリット）の自然な状態は完璧に健康な状態です。ただわたしたちがその状態から離れていると信じているため、真の現実を経験するにはまずエゴを解体し、愛の存在を見えなくしているものを除去する必要があります。したがって目を向けるべきところは、真の変化が起こるマインドのレベルです。

マインドが安らいでいるときは、肉体になにが起きていようとわたしたちは健康な状態にあります。肉体の状態はよいときもあれば悪いときもあるでしょう。でもわたしたちはもう、肉体がそのどちらの状態にあるのかを判断する必要がないとわかっています。そのように判断しても肉体を実在させるだけだと理解しているからです。心身の痛みはすべて精神的な行程です。あらゆる考えはその源を去っておらず、肉体はマインドを離れていないからです。「コース」では、わたしたちはすでに起きたことを心のなかで見直しているだけだと述べています。そこで大切なのは、わたしたちはなぜこの苦痛を伴う特定の脚本を見直すことに決めたのかということです。脚本を見直していることを思い出すとき、そこにはそう選んだ理由もあるはずです。その理由を正しいマインドに聞けば、人生にはさまざまな出来事をエゴの目的とは異なる目的のために用いる素晴らしい機会があるからだというでしょう。そのように送る人生では、選んだ脚本の犠牲者にならずにすみます。この考え方は脚本に対するエゴの目的を取り消す助けとなるでしょう。エゴの目的は、マインドという内側に戻れることや、世界や自分の居場所について異なる選択ができることを隠すことです。

ではどうすればマインドが、真に安らいだ健康な精神を体験できるのでしょう。内なる平和に導く真の赦しとともに、正しい考えを強化するためにできることはたくさんあります。それらは聖霊（ホーリースピリット）と一緒に考える習慣を育む上でも有効でしょう。そして毎日それらを実践することが大事です。聖霊を師（ティーチャー）に選ぶことから得られる恩恵は、それほど時間をかけずにすぐ経験できることでもあります。「コース」では次のように述べています。

あなたが完全に誤った方向に導かれるには時間がかかったが、あなたがほんとうのあなたであるためにはまったく時間はかからない。[T-15.I.9:3]

正しいマインドと健康な精神を維持する上でお勧めのエクササイズをいくつかご紹介しましょう。

1. 一日を聖霊（ホーリースピリット）に任せる

聖霊（ホーリースピリット）に任せるとは、自分一人もしくはエゴが師（ティーチャー）である状態ではなにも行わないという意味です。エゴと一緒に物事を進めたり考えたりすれば、孤独な感覚に導かれます。あらゆる孤独はそのように生じます。当然、神からの分離は欠如の感覚を生み出します。訂正しなければならないのはその欠如の部分です。次のように聖霊に語りかけるとよいでしょう。

聖霊（ホーリースピリット）よ、わたしの思考や言動を含め、今日一日をよろしくお願いします。あなたに従えば、平和を経験できると確信しています。

そしてただゆだね、聖霊（ホーリースピリット）が計らってくれると信じましょう。わたしは一日に何度もこれを行います。思い出したときはいつでも、ゆっくりと自分にいい聞かせるとよいでしょう。ゲイリーの著書『神の使者』で、彼の教師のアーテンとパーサも、これは聖霊に一日を任せてエゴを解体していく一つの方法だといっています。とても簡単で多くの時間を要しません。わたしは毎朝、ベッドから出る前にこの言葉を自分にいい、そのあとも一日中、思い出すようにしています。一日が自分の責任ではなくなるので気は楽になりますが、物事をどのように見るかという選択がわたしたちの責任であることには変わりありません。

2. 真の祈りを行う

「コース」は真の祈りについて「創造主と創造物が分かち合う一つの声であり、神の子が父なる神に歌う歌であり、その歌が父なる神に捧げる感謝を、父なる神が神の子に歌い返す歌

[S-1.In.1:2]」だと述べています。アーテンとパーサは『神の使者』で、この祈りもまたエゴを解体する一つの方法で、神にたどる方法として聖霊（ホーリースピリット）から与えられたものだと述べています。真の祈りは、神に向かって必要なものをお願いすることではありません。真の祈りとは、神からすでに与えられているものをきちんと受け取れるよう、そして神の贈り物を自分のものとして受け入れられるよう、お願いすることです。あなたがそれを理解していようといまいと、それが真の贈り物であり、あなたがほんとうに求めているものです。わたしたちは真の祈りで神とつながるとき、まず天の王国を見つけようとします。「コース」の「祈りの歌」では次のように述べています。

> 答えのかたちは、もしそれが神から与えられたものならば、あなたが思う必要性と合致したものであろう。それは、返答である神の声のエコーにすぎない。真の音はつねに感謝と愛の歌である。[S-1.I.2:7-9]
>
> したがって、あなたはエコーを求めてはならない。贈り物は歌そのものである。歌には倍音や和音やエコーが伴うが、それらは二次的なものである。真の祈りとは歌だけを聞くものである。それ以外のものは単なる追加として与えられているにすぎない。あなたはまず天の

王国を探し求めたからこそ、ほかのすべてが確かに与えられたのである。［S-1.I.3:1-6］

「ほかのすべて」とは、自分の安全や健康、家族やペットの幸せ、自国の情勢など、わたしたちが懸念する具体的なものです。

真の祈りで神とつながることが真のインスピレーションを受け取る方法でもあり、あなたが抱いたあらゆる疑問に対する答えでもあります。今度こそわたしたちは内側に向き合っても安全であること、自分が求めているものはすでにもっているものであることへの信頼を神とともに築かなければなりません。この過程が、真の源である神を思い出す方法です。

真の祈りが毎日の習慣になれば大きな恩恵を受け、内なる平和と静けさがよりスムーズにあなたのなかを流れるでしょう。わたしの場合、真の祈りをはじめてからいくつか核心をついた結果に導かれました。たとえばふと浮かんだ考えから見事なガイダンスを得たことがありましたが、それらは自分で考えたものではないという感覚がありました。それらはただ与えられ、努力は不要だったのです。それが聖霊（ホーリースピリット）のすることです。与えられた考えがほんとうのインスピレーションによるものならば、あなたの気分はいいはずです。その考えは神の声を代弁し、真実を象徴するものだからです。わたしたちにとって真実は認めざるを得ないものなので、わたしたちは真実を耳にしたらそれを認めるしかありません。

『神の使者』の「**真の祈りと豊かさ**」という章でアーテンとパーサが述べていることをわかりやすく五つのステップにまとめてみました。

1. 聖霊（ホーリースピリット）あるいはイエスの手を取り、神のもとへ向かうところを想像しましょう。
2. 抱えている問題やゴールや偶像を贈り物として神の祭壇に捧げましょう。
3. どれほど神を愛しているか、永遠に安全で満ち足りていられるよう手厚く見守られていることがどれほどありがたいことかということに思いを馳せましょう。
4. そのあとは沈黙し、神はあなたを神ご自身と同じであるように、そして永遠に神とともにあるように創造されたことを心の姿勢として保ちましょう。

5. すべてを手放し、神の愛とつながり、神と一つになる喜びのなかでエゴの自分を忘れましょう。［DU P.351-352］

マインドを空にして欲望を手放すと、神の愛と真の贈り物を経験することができます。たとえば思いもよらず、夢やふとひらめいた考え、歌、その他さまざまなかたちをとおして見事なガイダンスを受け取るかもしれません。受け取ることに心を開き、楽しみにしていましょう。あなたにとって真に役立つかたちで現れます。それがなにかは聖霊（ホーリースピリット）が知っているので、ただ信頼していればいいのです。「コース」では、わたしたちがまず神とつながったから答えが与えられたと説明しています。ですから答えはすでにわたしたちの内側にあるので、わたしたちがすべきことは、それを受け入れることだけです。

さらにアーテンとパーサは神からの返答は外的なものでなく内的なものだと述べています。世界でなにかが現れるとしたら、それはどんなときでも象徴です。安全や豊かさの象徴として現れる場合もあるでしょう。それがこのエクササイズの力です！　「コース」で述べる神からの真の贈り物とは、もともとあなたのものです。だから獲得する必要はありません。つまり愛、罪のなさ、完璧さ、知識、永遠の真実といった贈り物を得ようとする必要はありません。あなたはすでに価値ある存在で、それを証明する必要も獲得する必要もありません。真の祈りを行うことに抵抗があるかもしれませんが、それはエゴが神とつながりたくないからです。エゴは特別な個人で居続けたいのです。エゴの抵抗は、次のような言葉に表れます。「いまは時間がないからあとでやろう。やっぱり明日やろう」。わたしは次の考えをいつも思い出すようにしています。ほかのことをする時間がこんなにあるのだから、一日のたった五分を神とつながるために使えないというなら、自分はほかのことに重きを置いているに違いないという考えです。結局は意志があるか否かという問題にいき着きます。

次のエクササイズに進む前に、繰り返し述べておきましょう。「コース」のゴールは真の平和です。こうしたメソッドを可能な限り頻繁に行うことで、そのゴールに達することができます。わたしたちのほとんどは、早くゴールに達したいと思っています。それを支えるのが、与えられたステップを行うという意志です。そのステップを実践すればするほど新しい思考の習慣が形成され、その習慣は赦す姿勢の一部としてわたしたちの自然なあり方になっていきます。

3.「コース」の第三十章の「決断のルール」を実践する

「決断のルール」は、一日を安らかにすごす方法をもっともよくまとめた要約の一つです。イエスは正しいマインドで一日をスタートする方法によって段階的に導いてくれます。長くなるのでここでは各ステップの詳細は省きますが、イエスの導きのエッセンスを把握するためにも、ぜひ「コース」のその箇所を読まれることをお勧めします。そこでイエスが述べている教えを一言でいえば、わたしたちはいつも自覚せずに決断を下しているということです。イエスはわたしたちが正しいマインドを保っていられるよう、思考のコントロールを身につける手助けをしてくれます。そこには自ら裁判官として自分の言動を裁くことを手放すことが含まれます。さらに各状況に対してどのように応じるべきかを自分で判断することも手放さなければなりません。自ら判断を下すことは、その後の展開をすでに準備することになるからです。そのようなことをすれば、べつのやり方に心を開くことへの恐怖心が生まれます。

それがまさに分離の初期に起きたことです。わたしたちは神から離れて特別な個人になりたいと決め、その思いどおりに準備をし、いま見ている世界を見ています。わたしたちは自分のマインドを変えてべつの考え方ができることに気づくまで、さまざまなかたちで何度も分離を経験します。

イエスは、ゴールは最初に明確にすべきものだともいっています。わたしたちは今日という一日をどのような日にしたいかを決め、そのゴールを一日中、心にとどめることができます。ゴールを忘れてやむを得ず判断を下す場合もありますが、そう気づいたときは内側に戻ることを思い出し、うまくいくべつの解決策に心を開いてその判断を取り消せばいいのです。心を開くことに抵抗を感じるなら、あなたはすでに自分で判断を下していることになります。そんなときは正しくありたい思いを手放し、ゴールを見失い忘れていたことを認めましょう。すると、自ら判断を下した過ちは取り消されます。

それでもなおマインドを変えることに抵抗があるという人に、イエスは、抵抗する自分に語りかける言葉として次の言葉を提案しています。

少なくとも、わたしはいま感じていることが好ましくないと決めることができる。[T-30.I.8:2]

だから、わたしは自分が間違っていることを望む。［T-30.I.9:2］

これらの言葉は、わたしたちはなにかを強制されているわけではなく、ただ助けを求めているだけなのだと思い出させてくれます。べつの見方に心を開くと、自分の過ちから得られるものがあると思えるようになります。すると、正直に次のように述べることができるでしょう。

これを見るためのべつの見方がほしい。［T-30.I.11:4］

そのとき自分がほんとうに求めているものを思い出すことができます。そして最後にこういいます。

おそらく、これに対するべつの見方があるのだろう。それを尋ねることでなにを失うというのだろうか。［T-30.I.12:3-4］

わたしはこうしたステップを大まかに伝えているだけですが、これらのステップを見れば、特に悲観的な考えに陥っているときに、一つひとつの思いに向き合うということがどういうことなのか見当がつくと思います。第二章のはじめで、わたしが聖霊（ホーリースピリット）から受け取ったメッセージをご紹介しましたが、それは、考えを変えることに強い抵抗を感じたときは、一つひとつの思いに時間をかけて向き合うことを促すためのものでした。このステップは非常に重要です。各ステップの詳細については、「コース」の第三十章の「決断のルール」を読まれてみてください。

わたし自身「決断のルール」を実践しましたが、非常に役立つものでした。正しい考えを身につける実践法としてだけでなく、毎日が無作為に発生しているわけではないことを思い出させてくれる方法としても、たいへん有効でした。わたしたちは、エゴと聖霊（ホーリースピリット）のどちらと一緒に一日を知覚するかによって日々の設定を決めています。

4．内なる真実の光に気づくためのエクササイズ（あなたはまさに世界の光です！）

たとえ心に大きな傷を負っていても、自分の思いを自覚することは可能です。不平不満というかたちで下し続ける判断が、内なる真実の光を遮っています。

目を閉じて内省し、攻撃の思いを一つひとつ見つめてください。その思いが神の愛の経験と、ほんとうの自分の機能である赦しの実践を妨げていると自分に教えてあげましょう。聖霊（ホーリースピリット）が宿るマインドの静かな中心は、たとえどんなに厳しい状況でもあなたの内側にあり続けます。それを見つけ出しましょう。マインドが路頭に迷わないようつねに注意して、意識から肉体を退散させましょう。肉体はあなたではありません。確信をもってゆっくりと次のように唱えてみましょう。「わたしは世界の光です。聖霊よ、わたしが世界の光であることを示す経験ができますよう、愛の存在を見えなくしている障害を取り除いてください」

それから「赦しは罪悪感という暗い雲を見すごし、わたしの内側で輝く光を見る」という言葉を心に深く刻みましょう。あなたの目的は、幻想が帯びる暗いかたちのなかでは見つかりません。真の目的は幻想を超越しています。神ご自身と同じであるあなたはその目的を神と分かち合っているからです。いかなる場合においても目的は喜びです。あなたは目的と調和するとき、世界の光としての機能を果たし、内なる光を強化しながら人々に彼らの光を思い出させます。それは喜びに満ちた体験です。

暗闇がどんなかたちを帯びていたとしても、イエスの手を取り、イエスとともに暗闇を歩くところを思い浮かべましょう。彼があなたと一緒であることは確かだと感じられるでしょう。イエスとともに歩むとき、恐れの思いには実体がないことがわかります。そんな思いが、光に到達しようとする自分をとめられないことがわかるでしょう。確信をもつことができれば最後までやり遂げることができます。自他に対する信念とは関係なく、愛がもたらす結果は決まっていて避けられるものではありません。自分をほんとうに見失うことはできないのです。どれほど幻想を崇拝し、それが現実だと思っていても、あなたはまだ神の一部であり、神からほんとうに離れたわけではないからです。だからあなたは安全なのです。あなたは自分を分裂させ、内なる光を隠すことを選べても、光を消すことはできません。光はあなたの真実を表し、その真実は不変なものだからです。

こうした考えを心に刻み、神に息吹を吹き込まれている自分を想像してみましょう。あなたは神のマインドに存在する一つの思いです。神があなたに息吹をもたらしてくれています。この大いなるつながりに感謝し、愛だけが実在している喜びを味わいましょう。

5. 恐れに直面するエクササイズ

恐れや不安、怒り、悲しみ、心配といった恐れのカテゴリーに入る感情はすべて、マインドの扉のようなものです。恐れを煽るものはその扉の向こうにあります。あなたはその扉の向こうにある恐れを煽るものに魅了されているに違いありません。そうでなければあなたは恐れを感じないはずだからです。愛を胸に、マインドの扉にゆっくりと近づき、扉を開けてみてください。扉の向こうにあるものを判断したり分析したりせず、ただ見つめてみましょう。そこにあるものがなにを表しているのかよく見てください。あなたはそれを隠さずに光のもとへ運んでいるところなので、それに傷つけられることはありません。あなたはそれをなんの目的のために使っていたのでしょうか。怒ってその扉を乱暴に閉めたりしないでください。そんなことをしてもそれを実在させるだけです。恐れがあることを優しく認め、判断せずにそれが果たしていた目的を認めましょう。それから扉に背を向け、ゆっくりとその扉を閉じ、それまでそれが果たしていた目的を手放します。そして新しい扉を開きましょう。そこには恐れと分離に対する答えがあります。つまり、それは聖霊（ホーリースピリット）の扉です。聖霊を迎え入れ、少しのあいだ一緒に座ってもらいましょう。それが真の友です。聖霊はほんとうのあなたしか見ないからです。だからこそ、聖霊を信頼できるのです。あなたのマインドは聖霊をとおして完全な状態に修復されます。聖霊の言葉に耳を傾けましょう。

6. 祈りを終えるとき

目を閉じてリラックスし、意識から肉体を退散させましょう。肉体はあなたではありません。心のなかで次の祈りを唱えてみてください。

わたしは神の子です。永遠に完全で純真な存在です。聖霊（ホーリースピリット）よ、愛の存在を見えなくしているものを取り除けますよう助けてください。わたしが求めているものは神の愛だけだと気づけますように。自他に見出している過ちを見すごし、過ちを見ていたところに聖なる神の子を見られますように。私の意志は、永遠に神と一つでいることです。完全な神の意志である愛をわたしに受け取らせてください。それ以外に求めるものはありません。

わたしが世界の光であることを気づけますよう助けてください。わたしが喜びと平和の実証になれると気づけますように。わたしがわたしの光を放つとき、みなが同じことをする許可を与えられます。わたしは神と一つです。神の聖なる子として祝福されています。苦痛や不安や疲労を感じるとき、そのことを思い出せますように。神の愛の内側でわたしは完全な存在であり、忘れられてはいないことを思い出せますように。

愛だけが実在することに愛と感謝を捧げます。神、在り。アーメン。

ここまでの六つのエクササイズを好きなように組み合わせて構いませんが、はじめの三つは毎日することをお勧めします。そこから得られる恩恵が明らかになるときを待ちましょう。実際の経験をとおしてこのエクササイズの有効性を実感できるでしょう。これらのエクササイズは、真の赦しの代わりではなく、真の赦しとともに行うとさらに有効です。真の赦しから生じるほんとうの自由が、喜ばしい驚きとともに訪れるでしょう。たとえばいつもだったら気分を害している状況でも、今日はまったく気分が乱れないといったことがあるかもしれません。気分が安らぐとき、それは無意識の罪悪感がマインドから取り除かれた印です。

感謝の念

実践できるもう一つの強力な原理は感謝の念です。けれども、通常この世界で定義されている感謝とは異なります。一般的な感謝とは、ほかの人ほど苦しんでいない自分はありがたく思わなければいけないとか、アフリカには飢えた子供たちがたくさんいるのだからお皿に乗った食べ物は感謝して全部食べなくてはいけないとか、そういった心の態度のことだと考えられています。そのような感謝についてはいうまでもなくよくおわかりでしょう。みな善意でこうした感謝の気持ちをもちますが、そのような感謝は世界に対する誤った知覚から生じています。つまり誰かを見るとき、その人をそれ以外のみなとは異なる分離した存在として見ることから生じています。たとえある人がより幸せに見えたり見えなかったりしても、わたしたちは同じ一つのマインドを分かち合っているので、みな同じなのです。

わたしは感謝にかんする「コース」の考え方を読んだあと、とても謙虚な気持ちになりました。「ワークブック」のレッスン一九五は、「愛こそ、わたしが感謝とともに歩む道である」という文ではじまっています。それから、イエスは次のように述べています。

感謝する理由があまりないという人たちがいるときに、自分だけ感謝できる理由をもてるだろうか。もっと苦しむ人たちを見たから自分はあまり苦しまないでいられる、という人がいるだろうか。[W-pI.195.1:5-6]

イエスはさらにこう続けています。

苦しみに対して感謝を捧げるのは狂気である。[W-pI.195.2:1]

イエスはまたも基準のレベルを引き上げています。感謝は愛とつながっているときだけ本物で、本物の感謝はいかなるかたちでも比較をしません。比較は分離を保つためのエゴのもう一つの手段であり仕掛け（トリック）です。イエスは、わたしたちがすべての人に思いを馳せ、みなでともにこの道のりを歩んでいるという認識をもち、感謝の思いに誠実であるよう求めています。わたしたちは、みなが一つになって歩んでいるという考えでいなければ、どこにもたどり着きません。わたしたちは自分たちを、融合した一つの存在だと考えなければなりません。最終的に、そのような態度からは次の考えが生まれます。

わたしたちは、わたしたちの完全性を弱める例外や、完全な存在である神を完成させるというわたしたちの機能を損なわせたり変化させたりする例外が、決してつくられないことを喜ぶ。わたしたちはあらゆる生命(いのち)に感謝を捧げる。そうでなければ、無に感謝を捧げ、わたしたちへの神の贈り物に気づき損ねるからである。[W-pI.195.6:2-3]

わたしのCD『Awakening to Love(愛に目覚める)』に収録されている「Gratitude(感謝)」という曲の歌詞をご紹介します。この歌詞はこの部分の内容とも関連する、つながることや一体性(ワンネス)への感謝を促すものです。

感謝の思い　それがわたしを支えている
感謝の思い　それがわたしのハートをあなたに近づかせる
感謝の思い　それは真実を求める切なる思い
感謝の思い　それがあなたとともに歩む道
父なる神よ　あなたの光を照らしてくださることに感謝します
エゴの闘いをよそに完璧な愛を胸に

赦しは目覚めるために必要な任務
もう一度選べなくしている幻想と妄想から
感謝の思い　それがわたしを支えている
感謝の思い　それがわたしのハートをあなたに近づかせる
感謝の思い　それは真実を求める切なる思い
感謝の思い　それがあなたとともに歩む道
奇跡は静かなマインドに訪れる
いいタイミングでそっと休み
制限の痕跡を残さない
愛があなたの強さを思い出させてくれる
あなたの純真さのなかでわたしの無知が消え失せる
眠るマインドが夢から解放され
時間に囚われたわたしたちのために見ることを喜ぶ
感謝の思い　それがわたしを支えている
感謝の思い　それがわたしのハートをあなたに近づかせる
感謝の思い　それは真実を求める切なる思い

感謝の思い　それがあなたとともに歩む道
愛は十分満ちている
必要なのは愛だけ
愛がすべてだから

霊（スピリット）はつねに健康な状態です。霊は真実を象徴する存在だからです。ほんとうのわたしたちは霊なので、わたしたちはじつはすでに完璧で完全な存在です。そんな高次の生命体として生きる準備をはじめるために、わたしたちがいまの自分たちの状態だと信じている肉体レベルでエゴを解体し、健康な精神を得る必要があります。神のもとで目覚める前に幸せな夢とほんとうの世界を経験するために、わたしたちはいまここで学べるのです。


霊（スピリット）は永遠に神の恵みを受けている状態にある。

あなたの現実は霊にほかならない。

ゆえに、あなたは永遠に神の恵みを受けている状態にある。［T-1.III.5:4-6］

第七章　マインドを変えて生命（いのち）に目覚める

あなたがつくるイメージは、神ご自身があなたに望まれるものに勝ることはできない。決して誘惑を恐れずに、それをありのまま見なさい。つまり、もう一度選び直す新たな機会として、それをとらえなさい。そして、かつて自分のイメージを掲げたあらゆる状況と場所において、キリストの強さが勝ることを認める機会として、それをとらえなさい。
[T-31.VIII.4:1-2]

ようやく、変化を起こすメカニズムはマインドにあると明確に理解できるところまできました。実際イエスは「教師のためのマニュアル」の最後の「用語の解説」で「マインドという言葉は、創造エネルギーを供給して霊（スピリット）を活性化する主体を表すために使われている」と述べています。あらゆる経験の原因を本来あるべきマインドへと戻せるようになれば、遭遇する試練や誘惑は内なるキリストの力を強化する機会として現れていると考えられるようになります。自分はエゴではなく、内なるキリストだと認識する選択をすることで、そうとらえられるようになっていきます。自分を霊として認識できるようになり、赦しを続けていくと、無意識の罪悪感の層が少しずつ剥がれ落ちていきます。すると、ますますほんとうの自分になっていき、神と一つの霊という実在する生命（いのち）の意識に目覚めることになります。実在する生命に目覚めるとは、分離の夢を見ていることを思い出すということです。夢を見ていることを受け入れると、必然的にあとは目覚めるだけになります。本書で述べたこれまでのエクササイズや考えは、実践してそれらを生活の一部にするのなら、あなたの目覚めに役立つものとなるでしょう。

「コース」の道を選んだ人にとって「ワークブック」を行うことがどれほど有効で大切かは、いくら強調しても足りないくらいです。もう一度お伝えしますが、本書は「コース」の代わりになるものではありません。本書の情報が有益だと思われたら、それは「コース」の非二元の思考体系を強化させ、進むべき道を見つける手助けをするという素晴らしい目的を果たせているのだと思います。

世界のレベルにおいて実在する生命（いのち）にもっとも近づいたときが、「コース」でいう「実在する世界」というものを経験しはじめるときです。その経験は長年にわたって聖霊（ホーリースピリット）を選び、正しい考えに従い、つねに真の赦しを行うことから生まれます。そのような一貫した取り組みが、マスターになる道だといえます。

けれども実在する世界は、実在する生命（いのち）と混同されるべきではありません。「コース」は次のように述べています。

天国の外側に生命（いのち）はない。生命は、神が生命を創造されたところにあるはずである。天国から離れた状態にある生命は、どんな状態でも幻想である。[T-23.II.19:1-3]

明らかに、世界と関係をもつものはいかなるものでも実在する生命（いのち）ではありません。実在する生命は永遠で、変化や死がない、完璧な一体性（ワンネス）の意識です。「コース」が実在する世界について語るとき、それはいずれわたしたちが経験する、あらゆるものが赦され、すべての判断が放棄されるときのことを述べています。わたしたちは真の知覚であらゆるものを見るという、到達可能なもっとも高い意識に達することができます。とはいっても、知覚は知識と混同されるべきではありません。知覚のレベルは知識とは異なるからです。知識は神に属します。知覚のレベルには神の知識はないため、わたしたちはなにかを知覚しているうちは、真に神を知ることはできません。でも、知覚したものを正しいマインドの目的のために役立たせることはできます。はしごの頂点にある実在する世界に達すると、わたしたちは天国の門の向こう側で、わたしたちの本質であるキリストと自分自身を完全に同一視した状態になります。神ご自身がその最後の一歩を踏み出し、わたしたちを神のもとへ引き上げます。これを自分の居場所だと思っている肉体レベルで理解するのは無理でしょう。唯一理解できる方法があるとすれば経験することです。わたしたちは準備ができたとき、その経験へと導かれます。神には手がなく、神がわたしたちの肉体をもち上げるわけではないという意味において、「神はわたしたちのほうに身を寄せられ、わたしたちを抱き上げ、ご自身で救済の最後の一歩を踏み出される［W-pI.168.3:2］」という描写はたとえとしてとらえられるべきです。でもわたしたちは、このたとえに込められた真実を信じることができます。その真実とは、わたしたちが、わたしたちの理解の度合いとは関係なく確実に導きを受けているということです。

啓示を体験したり、真の現実を垣間見たりすることは可能ですが、そうした体験は一時的なもので、聖霊（ホーリースピリット）のガイダンスのもとで生じるものです。聖霊はわたしたちの啓示を受ける準備の度合いを知っているので、その過程を信頼して大丈夫です。わたしはこれまで数秒、ときにはもっと長い強烈な平和の感覚を体験したことが何度かあります。それが啓示だったとはいいませんが、紛れもなくそのときこの世のものではない平和を体験しました。それがどのような感じだったかを表現するのは難しいですが、いちばん近い表現は、多幸感に陶酔しているという感じでしょうか。セックスをはるかに超えたものでした。それは肉体や肉体の快楽とは一切関係のないものだったからです。わたしが感じた愛はとても純粋で完全でした。もしそれが神の愛のもとで目覚める感覚に近いのなら、わたしたちはみな、霊的（スピリチュアル）で永遠なる素晴らしい高揚感を体験できるでしょう！

わたしたちの多くはほんとうの自分について考えを変えるまで、愛と犠牲を混同します。そして神の愛を選べば失うものがあると考え、神の愛に逆らった選択を続けます。じつはわたしたちが失うことを恐れているのは、わたしたち自身のエゴです。つまりわたしたちが自分と認識している特別な個人の人格です。「コース」はその正反対を主張します。神の愛を選んでも失うものはなにもなく、得るものしかないと述べています。**マインドの愛が増せば増すほど、自分が犠牲を払っているという感覚はなくなっていきます。**『アメージング・グレイス』という歌の「盲目だったけどいまは見える」という美しい歌詞が思い出されます。神の愛を選択するという考えは、まだいまのところは信じがたいものですが、それはわたしたちがアイデンティティとしての人格とこの世界に思いを投じてきたからです。わたしたちは自らを神の子と見なしていないとき、自分の神性を放棄して偶像を選び、狂気な犠牲を選択しています。でもエゴより霊（スピリット）を大切にすることを学ぶにつれ、これまでどれほど無難な行動をし、いずれは苦痛をもたらすもののためにどれほど自分の幸せを犠牲にしてきたかがわかるでしょう。

マインドフルネスの欠如が、愛と犠牲の混同の一因です。マインドフルな状態にないときは、薄い氷の上を走っているようなものです。わたしたちは一日をとおしてマインドフルな状態を保っていなければ、エゴの夢から目覚めるチャンスを得る前に氷の下へ落ちてしまうのです。マインドフルな状態を保つとは、子供じみたおもちゃ（わたしたちが世界を形成するときに用いているあらゆる判断と偶像）を捨て「自分がほんとうに求めている大事なものとはなにか」と自分に問いかけることです。赦しを実践し続けていくと必然的に、夢から目覚める助けとなるものこそ大事なものだと気づけるようになります。その意味でも赦しは重要です。神はとがめることをしないので、赦すこともありません。神の態度ははじめから完璧な愛にほかなりません。ですが自らつくり出した誤った自意識の価値のなさにやっと気づきはじめたわたしたちは、その誤った自意識を取り消すために赦しを必要としています。

分離の夢を強化しようとわたしたちをそのかすものに価値はありません。エゴは物質的なもので価値をはかりますが、それは世界や肉体と己を同一視しているからです。肉体はエゴのわが家なので、エゴは肉体を守るためにはなんでもします。「コース」はこう述べています。

わたしは自分を防御するなら、攻撃されているということになる。[W-pI.135.22:4]

この考えは、肉体のレベルではなくマインドのレベルで唱えられるべきものです。たとえば通りを歩いていて誰かに襲われたら、怪我をしないよう全力で自分を守らなければなりません。ただ立ち尽くし、「ここで自分を守ったら、攻撃されていることになる」などと思ったりしないでください。そのような状況でもっとも愛のある行動とは、自分を守って危険な状況から抜け出すことです。一方、マインドのレベルでは、「ほんとうのわたし（完璧な霊（スピリット））は決して攻撃されないのだから防御は不要」という考えを実践することができます。これは赦す態度の一部になり得ます。ですが、あくまでも肉体ではなくマインドのレベルで行われるべきことです。

わたしたちは、神との一体性(ワンネス)よりも分離を選んでしまったときからずっと、自分たちが奪った神の愛を神が取り戻そうとしていると感じ、その恐れを神に投影してきました。これが神の愛から分離したことに対する恐れの投影です。わたしたちはその恐れを神に投影し、神が復讐しようとしていると考えています。わたしたちがいつも混乱し、思考が不安定であるのも無理はありません。わたしたちは攻撃されて困窮して餌をほしがっている凶暴な動物のようなものです。エゴが愛を与えるのは、再びそれを奪うためだけです。エゴは自ら己を創造したと考えることで、神の王座を奪い、最大の賞を勝ち取ったと思っています。それが恐れのはじまりです。「コース」はこれを次のようにまとめています。

毎日、毎分、どの瞬間も、あなたは恐怖の時間が愛に取って代わったその一瞬を再び生きているにすぎない。[T-26.V.13:1]

笑うことの大切さ

わたしたちはたいへんな取り組みに臨もうとしています。エゴは決して軽いものなどではなく、ときに重苦しいものだからです。だからこそ、毎日の生活にユーモアを取り入れることはとても重要です。「コース」では次のように述べています。

すべてが一つである永遠のなかに小さな狂った考えが一つ忍び込んだとき、神の子は笑うことを忘れてしまった。彼が忘れたとき、その考えは深刻なものとなり、達成することと、影響をもたらすことが可能となった。わたしたちは一緒にいれば、それらを笑い飛ばすことができ、時間が永遠のなかに入り込めないことが理解できる。[T-27.VIII.6:2-4]

人生や世界を深刻にとらえすぎないようにすれば、わたしたちはもう少し楽に構え、世界は涙ではなく笑いが似合っていることを思い出せるでしょう。いろいろな問題に深刻になりすぎている自分に気づいたら、笑いを思い出してマインドを変えればいいのです。これは毎日の生活に取り入れるべき大事な練習です。おもしろい映画を観たり、深刻に振舞っている自分の滑稽さを笑ったりして、緊張の和らぎを得られる方法を見つけましょう。これは誰かを笑い者にすることではありません。ただこの世界を深刻にとらえすぎて内なる平和を失いかけている愚かさを笑うのです。ゲイリーとわたしは普段観る映画のレパートリーに必ずコメディを入れてバランスを取るようにしています。バランスが悪くなっているときは、すぐにわかります！　そう感じるのです。そんなときは少しレパートリーを変えるようにしています。

二〇一七年の大統領選挙で国民の反応が大きく揺れていたころ、抗議デモをしている人たちが掲げるプラカードのなかにたいへん創造力に富んだユーモアあふれるものを見つけました。政治的立場にかかわらず、それらは緊張を解く笑いを提供していました。

こんなプラカードでした。

「もっといいキャビネット（cabinet：閣僚という意味）がイケアにあったぞ」

「こんなクソみたいなゴタゴタについてまだ抗議しなきゃならないなんて信じられない」

「わたしの存在（existence）を尊重（respect）しないなら、わたしの抵抗（resistance）を予期（expect）しとけ」

抗議といえば、わたしたちはみな、毎日心のなかでなんらかの抗議をしているのではないでしょうか。まず気に入らないものがあると決めつけ、それが自分を動揺させるので、その考えを世界に投影します。そしてほとんどいつも自分の動揺を世界のせいにしています。これはレベルの混同の一例です。世界が問題だと決めつければ、わたしたちは見ている世界の犠牲者になります。でも原因がエゴの選択にあると決めれば、わたしたちは見ている世界の犠牲者ではなくなり原因の立場を取ることになります。つまり世界についてどのように思うかは、自分の責任だということです。結局、原因はマインドにあるという基本の考えに戻ることになります。この考えは、原因はマインドなのだから自分の考えを述べたりして抗議すべきでないといっているのではなく、導かれていると思うならそれを抗議すればよいといっています。平和なゴールを目指して愛から抗議が生まれることだってあるのです。ですから、行動を取ることはなにも悪いことではありません。インスピレーションから生まれた行動が、愛に満ちた目的とともに、その出来事の経験に大きな変化をもたらすこともあり得るのです。

息ができなくなるほど笑ったことがあるでしょうか。笑いの発作がとまらなくなったことがありますか。そんな笑いはあらゆる体験のなかでも、もっとも健康的な体験の一つといえるでしょう。たいていこのような笑いが起こるとき、あなたは抵抗を手放し、鬱積した思いや感情を解放しています。笑いというかたちで抵抗を手放すと、大きな癒しを感じられるでしょう。まるでたったいま運動をしたかのように！「眠れる預言者」として知られたエドガー・ケイシーは「極限の状況でこそ笑え」といいました。彼はいいところに気づいたと思います。わたしたちのほとんどは「笑いは百薬の長」ということわざを聞いたことがありますが、彼がいったことは「コース」で述べていることとも一致します。「コース」では、わたしたちが一見こんな狂気じみた世界に身を置いているのは、神から分離したという考えを深刻にとらえ、笑うことを忘れたからだと述べています。つまりわたしたちが笑いを忘れたのは確かなので、その笑いを毎日の生活に取り入れれば、わたしたちは自分たちの本質を思い出せるというわけです。

笑いの発作といえば、二〇一七年のはじめ、ゲイリーと一緒に日本で行ったワークショップでの出来事をお話ししましょう。ちょうどわたしが「コース」との出会いやゲイリーとの出会いについて話をしていたときでした。突然、わたしは笑いの発作に襲われてまったくとめることができなくなったのです！　なんと五分間も笑っていました！　そのあいだ、何度もわたしは話を続けようとするのですが、笑いすぎてほとんど言葉になっていませんでした。参加者の方たちもおもしろいと思ったのか、笑いが伝染したのか、わたしと一緒に笑い出していました。ワークショップでそんなことが起きたのははじめてでしたが、わたしの気分はほんとうにすっきりしていました！　モヤモヤした思いや感情を思いっきり解放して、運動をしたあとのようにすっきりしていました。大笑いしたとき、そんなふうに感じることがあるのではないでしょうか。まさに幸せを感じるエクササイズのようです。笑うと完全に手放してゆだねられます。そんなふうに大笑いするとき、気が緩んであらゆる防御の壁が下がる気がすることに気づきました。まったく恐れがないのです。恐れは愛が現れているところや真の現実には入り込めないように、笑いや喜びがあるところにも姿を見せることはできません。**深刻さを手放せば、癒しを感じられます。**

悟り

実在する生命（いのち）への目覚めは、ここまで述べてきたマインドを変えるさまざまな方法を実践することからはじまります。イエスが悟って神のもとで目覚めたとき、わたしたちもイエスとともにそこにいました。神からの分離は起きておらず、わたしたちはいまでも神のマインドの内側にいてそこから一度も去っていないからです。それが、イエスが悟って目覚めたとき、わたしたちがイエスと一緒にいた理由です。時空の世界で肉体をもって生きていると信じているわたしたちは、エゴが解体されるまで目覚めの経験をしていかなければなりません。悟りについていえば、霊的に進化している魂（ソウル）が病気になることは多々ありますが、それは彼らが悟っていないという意味ではありません。悟りと肉体は一切関係ないからです。悟りとは認識であって、マインドの変化のことです。一見みな、なんらかの方法でこの世を去らなければなりませんが、その人の選んだ去り方が、その人の魂の進化レベルを決めるものだと考えるべきではありません。

最終的に自分自身のために贖罪（アートンメント）を受け入れなければなりません。贖罪とは、分離が起こらなかったのだからなにも起きていないということを思い出すことです。これは、あなたに罪がない理由でもありますが、こうしたことを受け入れるのはなかなか難しいでしょう。わたしたちが世界にかんして教わったことは、この世界こそが現実で、エネルギーは実在するということだからです。アーテンとパーサは、エネルギーは誤って創造された考えだといっています。エネルギーは変化するゆえに実在しないからです。エゴはエゴ自身の創造物語を含め自ら実在させたものを求めます。けれども創造は神に属します。そして神が創造されたものは神ご自身とまったく同じです。わたしたちはエゴに寄せていた信頼を取り下げ、神に信頼を寄せることができます。神こそ真の強さであり、わたしたちが全面的に信頼できる存在です。かつて誰かがこんなことをいっていました。「原子を信じてはならない。原子はすべてを捏造するからだ」

わたしたちはエゴが解体されると自動的に、夢を見ていただけで、その夢は現実ではなかったと理解します。夢は消滅してなにも残りません。ゲイリーの著書が宇宙の消滅（原題は『The Disappearance of the Universe』邦題は『神の使者』）と名づけられたのはそのためです。あらゆる人々のマインドが平和な状態に戻れば、宇宙は消滅するでしょう。わたしたちは誰からもなにからも分離していません。建築物、国境、その他、分離を帯びた無数のかたちで埋め尽くされたこの世界で、わたしたちは分離した存在として一人で歩んでいるのではありません。あらゆるものとの一体性（ワンネス）、神との一体性をきっと認識できるでしょう。そしてすべてと引き換えになにも放棄してはいなかったことがわかるでしょう。自分が求めていたものは、たったこれだけのことだったのかと気づくはずです。なによりも内なる平和を求める決断をしましょう。自分が正しくある必要はなく、正しくあることよりも幸せを求める決断をしましょう。わたしたちのものである神の平和、愛、喜びを含むあらゆる神の贈り物がいま、あなたに受け入れてもらうためにここにあります。これ以上幸せを待ち望んだり、遅らせたりする必要はありません。イエスはこう述べています。

毎分、毎秒、あなたは自分を救う機会を与えられている。それらの機会を逃してはならない。二度とその機会が訪れないからではなく、喜びを遅らせる必要がないからである。[T-9.VII.1:6-7]

次の文はわたしの好きな引用の一つです。

喜びのない場所で、自分がそこにいないと気づく以外に、どのようにして喜びを見つけられるだろうか。[T-6.II.6:1]

わたしたちが神のマインド以外のところにいたことは一度もありません。わたしは姉妹のジャッキーとよくこの引用をいい合っています。なにがあっても真実を互いに伝え合って思い出すようにしています。たとえば二人揃ってまったく喜びを感じられない仕事をしていたころ、よく職場から電話をし合い、真実を思い出そうと励まし合っていました。わたしの一日がたいへんだったとき、彼女がよく「愛だけが実在しているのを思い出して」といってくれたものです。彼女がたいへんなときは、わたしが電話をして同じメッセージを彼女に伝えていました。いつも喜びにかんする引用をいい合って、ほんとうはここにいるのではなく、心のなかで見直しているだけであることを思い出すようにしていました。それが救いでした。どんなときでもこうした考えを心のなかに鮮明にとどめておくとよいでしょう。というのも、エゴの声はほんとうに大きく、最初に話し出すのはいつもエゴだからです。霊的探求の道を前進するには、繰り返し行うことが必要不可欠です。

ワークショップでは、大勢の方たちから悟りにかんする質問を受けます。「コース」では、悟りとは「認識であり、変化のことではない［W-pI.188.1:4］」と説明しています。これは、世界が一見変化したり変化しなかったりしたとしても、世界に対するあなたのマインドの知覚は変化するという意味です。神とたった一つの意志を分かち合い、自分の目的が神の目的と融合すると、あなたはそうなったことに気づきます。その気づきとは、他者とは異なる特別な自分でいたいという、独自の関心がなくなっていることへの気づきです。わたしたちは神と一つのマインドです。イエスは次のように述べています。

自己中心的であることは、霊（スピリット）が不在になることだが、正しい意味での自己中心的な状

態とは、霊に喚起された状態、つまり霊の状態であるといえる。真に喚起された者は悟り、暗闇のなかにとどまることはできない。[T-4.in.1:7-8]

本書でほんとうの世界や赦された世界について触れた際、それは自分とキリストの本質を同一視する、真に悟った状態に達したときのことを述べていました。イエスはその状態に達したとき、聖霊（ホーリースピリット）の声というたった一つの声に耳を傾けていました。わたしたちがその状態に達するときは、夢から目覚め、片足を扉の敷居の向こうへ伸ばし、なおかつこちら側でも十分機能できるよう、もう一方の足を敷居のこちら側に残しているかもしれません。わたしたちは悟りに達しても、この世界にいられるのです。それならば、世界からの解放がすぐそこまできていることに安心していられるでしょう。わたしたちはきっと一体性（ワンネス）を知り、肉体の優しい解放を受け入れる確かな感覚に喜びを覚えるでしょう。その最後に夢を手放す静かな選択が、あなたの現実となります。

目的

「コース」は肉体ではなくマインドのレベルで行うもので、この世界における言動にかんするものではありません。でもだからといって、この世界でなにもしないとか、行動を取らないとか、そのようなことを述べているのではないと理解しておくことは大切です。受動的であるとは、エゴの思考体系に対して受動的であるという意味です。わたしたちはいつもなにかをしていますが、自分がしていることは自分の思考から生まれていることを肝に命じておくとよいでしょう。毎朝マインドに聖霊（ホーリースピリット）を迎え入れて、目的がすべてであることを思い出すのはそのためです。なにをしていても目的が明確であれば、これから経験することの土台をその目的が築いてくれます。正しいマインドの目的を果たすなら、その経験はほんとうに意味あるものになります。わたしは自分の目的を考えるとき、世俗的な目的を手放して次の文句を唱えるようにしています。「わたしの目的は、わたしの聖性を認識し、それを兄弟たちに延長すること。神のもと、みな同等であると受け入れること」。こうした霊（スピリチュアル）的な目的に従うと、選んだ道や仕事がなんであれ、それらはその目的を反映したものになります。そして、素晴らしい贈り物をみなに届けることになります。**世界でなにをするかは問題ではありません。重要なのはそれが果たす目的です。**

難しい決断に思えることがある場合、わたしはいつも自分にこう聞きます。「この目的はなに？　これはなんのためにあるの？」。そして相手とのなんらかの対立を恐れるとき、その人と話す前にこう聞きます。「この会話からわたしはなにを得たいのだろう？」「わたしのゴールはなに？　わたしはなんのためにこの人と話そうとしているの？」と。このように自問すると、事前にふさわしい会話のあり方を決め、行動を起こす前に正しいマインドを確立できます。すると自分が望む結果になりやすく、なおかつかかわるみなにとって最善の結果となりやすくなります。要するにその物事が全員の共通の関心ごとになるということです。そしてあなたはあなたの最善で最高の利益のために尽くすことになります。この場合の「あなた」とは、より大きなあなたのことです。みなが分かち合う同じ一つのマインドとしてのあなたです。決断を下して決めるのは、その分かち合われたマインドの一部です。イエスが「コース」で述べる「あなた」は人格のことではなく、分かち合われたマインドのその部分を指しています。あなたは真の赦しを行うとき、あなたの最善で最高の利益のために尽くしています。なぜならそのように尽くすとき、あなたは同じ一つのマインドであるわたしたち全員を対象としているからです。

赦しの過程をはじめる際、イエスはわたしたちに、神の子として分離という間違った選択をした最初の瞬間まで戻るよう、そしてその瞬間のその過ちに訂正が与えられていることを思い出すよう求めています。そのあとは再び神との一体性（ワンネス）を選び直し、その一体性があなたのマインドに入ることを認めます。現在だけが存在します。その一体性には、あなたが赦したと思うすべての人々が含まれます。彼らの罪のなさをあなたのものとして受け入れましょう。これを行うたびにあなたは生まれ変わり、あなた自身であるキリストと再びつながります。

目的の話に戻ります。ある状況に果たす目的がないのなら、その状況には意味がありません。エゴはいつもの習慣で最初に話し出し、その選択は結果へと反映されます。**物事や状況の意味は、それが果たす目的によって与えられますが、目的を聖霊（ホーリースピリット）に明け渡すことで、それは真の意味を与えられます。**エゴと聖霊のどちらの目的のためにその状況を生かすかによって、わたしたちの経験に多様な変化が生まれるのはそのためです。

わたしたちはいまだに自分たちを個別の自己だと信じています。それは無理もありませんが、大事な点を繰り返しておきましょう。「コース」は個々の肉体のわたしたちではなく、同じ一つのマインドのわたしたちに向けてイエスが語るものだとわかると、理解や実践がしやすくなるでしょう。わたしたちが自分たちを肉体だと信じているため、イエスは教えを理解する方法として言語やたとえを用いています。ですから真の赦しを行うとき、わたしたちは個々の肉体ではなく同じ一つのマインドであるという考えで行えば、その考えが理にかなっていることがわかるでしょう。あなたに罪がないのも、他者に対するあなたの批判的な思いがあなた自身を傷つけることになるのも、わたしたちが同じ一つのマインドだからです。他者を無実と見なすならあなたも無実であり、他者を有罪と見なすならあなたも有罪です。一体となったわたしたちがいるだけなら、他者に対して行うことはなんであれ、自分に対して行っていることになります。

わたしたちはいつでも、内なる平和を受け入れている状態、もしくは拒絶している状態のどちらかです。なによりも内なる平和を求めるなら赦しを行い、自分が考える物事の意味を放棄し、べつの解釈を受け入れましょう。自分が考える物事の意味を投影すると、自他両者を制限し、その物事本来の目的が見えなくなります。でもエゴの罠にはまったと気づくたびにマインドを変える取り組みを続ければ、真実が見えてきます。そして復讐に満ちた世界を見る代わりに、美しさだけが見えるようになります。目的が変わったからです。**知覚しているイメージを自分の目的のために使いたくなる衝動は、エゴの仕掛け（トリック）です。その仕掛けはわ**

たしたちに、自分は肉体で、逃げ場のない弱くてもろい存在だと思わせるためのもので、あらゆる動揺の原因でもあります。

祝福

エゴがわたしをだまし、わたしに自分は肉体だと思わせようとするときの方法と、そうした状況でわたしがどのように赦しを用いるのか、具体例をお話ししましょう。それは動物にかんする赦しのレッスンで、わたしの人生のなかでもっとも困難なレッスンの一つでした。しばらく前にルナのキャットフードを買いにペットショップへいったときの話です。いつものようにわたしは檻のなかで新しい飼い主に引き取られるのを待っている犬や猫のそばを歩いていました。その檻の近くをとおるたびに、この動物たちはこんなところに閉じ込められているべきではない、彼らは苦しんでいると、わずかながらにいつも思っていました。その日、ある一匹の猫に目がいきました。可愛らしい目をした純種の美しい白い猫で、まわりの動きをじっと見ていました。わたしは「なんて美しくて可愛い猫なの。あの猫を飼えたらいいのに。でもルナはきっと嫌がるわ。彼女は一人っ子でいたがっているもの」などと考えていました。なんだか檻のなかにいるその猫に申し訳ない気持ちになりました。この猫は自由になりたいだろうし、孤独で誰からも構ってもらえないと思っているに違いないと思いました。お店を出るときふと気づき、わたしはただ自分の思いを猫に投影し、猫が人間と同じように考えていると思い込んでいただけだと思い出しました。猫がなにを考えているかなど、どうしてわたしにわかるというのでしょう。その猫がまわりを見てじつはおもしろがっていて、まったく苦しんでいないことだって十分にあり得るのです。わたしは引き続き正しいマインドで考え、夢を見ていることを思い出し、自分が投影したイメージと、その夢を見ていた自分を赦しました。聖霊（ホーリースピリット）にそれを引き渡し、聖霊の強さを信頼しました。その状況にまったく貢献しないエゴの思いではなく、わたしの内側にある聖霊の強さが勝ることを信じました。もしその猫を苦しむ存在として見る選択をするなら、わたしが苦しむのだと思い出し、その思いを手放しました。そのあと、あることが起こりました。それは赦しの結果として起こり得ることでした。わたしたちは赦しを行うと、考えがひらめいたり、思いを受け取ったりできるのです。

帰宅して椅子に座っていると、ある思いが浮かびました。それはただ受け取った思いだったので、聖霊（ホーリースピリット）のものだとわかりました。その思いはこう尋ねていました。「あの猫があなたを祝福していなかったと、どうしてわかるの？」と。要するにわたしはもう一度選び直し、べつの状況を見る機会を与えられたのです。そのべつの状況を見たとき、神の贈り物がわたしのものになるのでした。わたしはそれまで自分が猫を祝福するという観点からしかその状況を考えておらず（一種の特別性）、わたしを祝福してくれる存在としてその猫を見ていませんでした。なんということでしょう！　この気づきのおかげで、わたしの考えは百八十度変わりました。祝福は互いにし合うものです。祝福するとき、その引き換えに祝福を受けるのです。苦痛に満ちた状況は、物事の見方をもう一度選び直す機会を与えてくれます。ですからその苦しい状況を、自分を祝福してくれる存在として相手をとらえる機会に用いれば、その贈り物はあなたのものになります。なにはともあれ最終的には世界は存在しないので、猫も存在しません。イメージは現実ではないのです。だからといってこれは、虐待を見てもそのまま続けさせておけばいいという意味ではありません。ただマインドではいつでも真実に戻れるという意味です。これはほんとうに有効です。わたしは、わたしの助けが必要とされる状況でなにかをする前、そして一日をはじめる前、聖霊に任せるようにしています。そのあとは、自分のゴールは真の助けとなることだと思い出し、すべてを手放してその過程を信頼します。

「コース」では頻繁に、個々の特別性とそのさまざまなかたちについて述べています。たとえば、苦しむ他者とは対照的に自分は祝福されていると思ったり、他者や物事を修復する必要があると思ったりする場合です。また自分はその修復の仕方を知っていると判断する場合もあるでしょう。そのように他者を見るとき、わたしたちは一種の特別性へと移行していきます。特別性のゴールはつねに分離です。誰か一人を他の人々とは異なる存在ととらえたり、より優れた存在だと思ったりします。特別性はこんなことをささやきます。「あなたは問題を抱えているからわたしがあなたを直してあげよう」。そんな考えは相違に基づく分離を強化させる以外になにをするのでしょう。あなたは病気でわたしは健康だとでもいいたいのでしょうか。「コース」はわたしたちはみな同じだと教えています。みなで同じ一つのマインドを分かち合っているからです。ということは、エゴの思考体系と聖霊(ホーリースピリット)の存在をも分かち合い、その一方を選ぶ決断をするマインドの一部をも分かち合っているということです。だからこそ、わたしたちは同じなのです。エゴはわたしたちをだまし、相違だけにわたしたちの目を向けさせようとしますが、それはエゴの土台が分離と相違だからです。繰り返しますが、それはほんとうの現実でもなければほんとうのわたしたちでもありません。だから、そんなものに対する信念は取り下げればいいのです。エゴを恐れる必要はありません。なぜならエゴはわたしたちの信念がつくり出したものであり、わたしたちはその信念を取り下げることができるからです。

マインドを変え、実在する生命に神とともに目覚めるには、はじめの一歩が必要です。その一歩とは、「べつのやり方があるはずだ」といって聖霊を迎え入れることです。そのあとは、べつのやり方を見つけてそれを毎日の生活に取り入れる決意と意志が続かなければなりません。それができれば世界の過ちから受けたあらゆる影響を手放し、原因の立場から生きていけるようになります。神の聖性はあなたのものです。それをやっと受け入れたとき、健康と幸せが永遠にあなたのものとなるでしょう。

著者の推薦図書

1. 『奇跡のコース』第三版「内なる平和財団」(FIP:Foundation for Inner Peace)から出版されています。(日本語版についてはP.5を参照)

2. ゲイリー・R・レナード著『神の使者』(河出書房新社)

3. ゲイリー・R・レナード著『不死というあなたの現実』(河出書房新社)

4. ゲイリー・R・レナード著『愛は誰も忘れていない』(ナチュラルスピリット)

5. ケネス・ワプニック&グロリア・ワプニック著『癒しのカリキュラム』(中央アート出版社)

6. ケネス・ワプニック著『天国から離れて』(中央アート出版社)

7. ケネス・ワプニック著『Healing the Unhealed Mind』(未邦訳)

8. ケネス・ワプニック著『A Vast Illusion』(未邦訳)

9. ロバート・スカッチ著『Journey Without Distance』(未邦訳)

『奇跡のコース』について著者より

『奇跡のコース』の情報については、「コース」の著作権を所有する出版社「内なる平和財団」(FIP:Foundation for Inner Peace)のウェブサイト（http://acim.org/）をご覧いただくことをお勧めします。「コース」の学習をサポートする素晴らしい団体は数多く存在しますが、「内なる平和財団」は最初に設立された団体であり、「コース」の関連教材を数多く取り揃えています。そのなかには、「コース」の書き取りに携わった人たちの経歴や写真、「コース」に関連するＤＶＤ、「ワークブック」のレッスンへの無料のアクセス、録音記録、外国語に訳された「コース」の情報、「コース」の電子版やアプリなどがあります。

「内なる平和財団」は、『奇跡のコース』によって人類の向上に貢献する非営利団体です。同団体は寄付により成り立っており、現在は外国語への翻訳に力を注いでいます（現時点で26カ国語）。また、何千部にも及ぶ「コース」の本を寄贈しています。より多くの人が『奇跡のコース』から恩恵を受けられるよう支援をされたい方は、「内なる平和財団」やその他の素晴らしい団体への寄付をお勧めいたします。

訳者あとがき

本書は『奇跡のコース』の世界的な講演家、ライフコーチ、シンガーソングライターとして活躍されているシンディ・ローラ・レナードさんの初の著書です。ベストセラー作家であるゲイリー・R・レナード氏の奥様としてご存知の方も多いのではないでしょうか。わたし自身、シンディさんのお姿を最初に拝見したのは、講演中のゲイリー氏に促され、シンディさんが舞台に上がられたときだったと思います。なんて美しい方なのだろうと思ったことをいまでもよく覚えています。シンディさんの美しさは外見や歌声だけではありません。内面の美しさを物語る数々のエピソードが、ゲイリー氏の著書と本書にはあふれています。

本書は健康と幸せをテーマとしています。著者は本作のテーマを決めるにあたり、ワークショップでもっともよく聞かれる質問から選んだと述べています。このテーマがもっともよく聞かれる質問であるというのは非常に納得できることだと思います。人々は健康と幸せを求め、その二つが手に入れば人生万事良しとされるほど大きなものだからこそ、いちばんよく聞かれる質問であるのでしょう。本書ではその「健康」と「幸せ」という言葉を、「コース」の教えに沿った新しい定義で表現し直しています。それが本書をいわゆる健康本とは一線を画したものにしているといえます。

パンデミックにかんするさまざまな情報を見聞きする昨今、わたしたちの意識はつい肉体へと向かい、肉体の健康や肉体の回復を求めるわけですが、本書はそんなわたしたちを、真の健康とはなにか、真の幸せとはなにか、という問いへと導き、ほんとうの健康と幸せにいたる道を丁寧に示してくれています。同時に、肉体の健康や回復を求めることを否定したりせず、たとえ病気や人生の辛い試練に見舞われているさなかでも、内なる平和、つまり心の平穏を取り戻せること、そしてその具体的な方法を教えてくれています。「コース」の教えをご存知でない方も十分に理解を深め、著者が伝えるさまざまなエクササイズに興味をもたれて実践していかれることでしょう。

最後になりましたが、本書の翻訳の機会を与えてくださったナチュラルスピリットの今井社長と、本作でも真摯に向き合ってサポートをしてくださった編集者の北野智子さんに、心から感謝とお礼を申し上げます。

二〇二一年　七月

ティケリー裕子

シンディ・ローラ・レナード　Cindy Lora-Renard

オハイオ州トレド生まれ。十七歳のとき、母親とともにカリフォルニア州ロサンゼルスに移住。現在も同州に在住。二十代前半からさまざまな霊的学習をはじめ、霊的探求の道を歩みはじめる。サンタモニカ大学で霊的心理学（スピリチュアル・サイコロジー）の修士号を取得。現在は『奇跡のコース』の世界的な講演家、スピリチュアル・ライフコーチとして活躍。『奇跡のコース』の著名な教師でありベストセラー作家の夫、ゲイリー・R・レナードと世界中で講演活動を行うとともに、自身のイベントを多数の国で開催し、『奇跡のコース』の教えを紹介している。また、シンガーソングライターとしても活躍。ニューエイジ・ミュージック、オルタナティブ・ポップス、瞑想音楽を融合させた独自のスタイルを確立。人々を高次の人生に目覚めさせるためのヒーリングツールとして、『奇跡のコース』と音楽と心理学の知識を生かしている。ワークショップでは、講演のほかに歌の発表や誘導瞑想も行い、世界中の人々と出会う活動を楽しんでいる。好きな言葉は「We are all in this together（わたしたちはみなともに、ここに参加している）」。講演会やプライベートカウンセリングの依頼、商品購入など、その他の情報はwww.cindylora.comまで。

ティケリー裕子　Yuko Tekelly

米国在住。ペンシルバニア州ドレクセル大学卒業。訳書に、ゲイリー・R・レナード著『愛は誰も忘れていない』『イエスとブッダが共に生きた生涯』（ともにナチュラルスピリット）など。

健康と幸せのコース

●

2021年9月9日　初版発行

著者／シンディ・ローラ・レナード
訳者／ティケリー裕子

編集／北野智子
DTP／小粥 桂

発行者／今井博揮
発行所／株式会社 ナチュラルスピリット
〒101-0051 東京都千代田区神田神保町3-2 高橋ビル2階
TEL 03-6450-5938　FAX 03-6450-5978
info@naturalspirit.co.jp
https://www.naturalspirit.co.jp/

印刷所／シナノ印刷株式会社

ISBN978-4-86451-373-9 C0011

●新しい時代の意識をひらく、ナチュラルスピリットの本

愛は誰も忘れていない
ゲイリー・R・レナード 著
ティケリー裕子 訳
ゲイリー・R・レナード三部作完結編！ 人と世界を赦すことによって、身体と世界が実在しないことを知覚し非二元の実在の神と一つになる！
定価 本体二四〇〇円＋税

イエスとブッダが共に生きた生涯
偉大な仲間の転生の歴史
ゲイリー・R・レナード 著
ティケリー裕子 訳
生まれ変わる度に共に道を極めていったイエスとブッダ。二人の転生を通して『奇跡のコース』の本質をわかりやすく伝える。
定価 本体二四〇〇円＋税

奇跡のコース
［第一巻／第二巻〈普及版〉］
ヘレン・シャックマン 記
W・セットフォード、K・ワプニック 編
大内 博 訳
世界の名著『ア・コース・イン・ミラクルズ』テキスト部分を完全翻訳。本当の「心の安らぎ」とは何かを説き明かした「救いの書」。
定価 本体各三八〇〇円＋税

癒しのマスター・キー
内なる力が目覚める！
アラン・コーエン 著
赤司桂子 訳
世界的ベストセラー作家、アラン・コーエンが語る「癒しの秘訣」とは？ すべての癒しの源泉へとつながる、本質的なヒーリングガイド。
定価 本体二三〇〇円＋税

『奇跡のコース』を生きる
ジョン・マンディ 著
香咲弥須子 監訳
『奇跡のコース』の中で最も重要な「手放し、ゆだね、許すこと」を実践し、日常で奇跡を生きるための入門書。
定価 本体二〇〇〇円＋税

無条件の愛
ポール・フェリーニ 著
井辻朱美 訳
真実の愛を語り、魂を揺り起こすキリスト意識からのメッセージ。エリザベス・キューブラー・ロス博士も大絶賛の書。
定価 本体二一〇〇円＋税

覚醒へのレッスン
『奇跡のコース』を通して目覚める
デイヴィッド・ホフマイスター 著
香咲弥須子 監修
ティケリー裕子 訳
『奇跡のコース』を実践する覚醒した教師デイヴィッド・ホフマイスターによる覚醒へ向かう対話集。覚醒した状態が本書から伝わり、心を満たします。
定価 本体二六〇〇円＋税

お近くの書店、インターネット書店、および小社でお求めになれます。